공학의 시간

세상에 없던 새로운 기회를 선취하는

디지털 대전환기

이순석 지음

공학의 시간

ENGINEERING

청림출판

이 책에 쏟아진 찬사들

■ 목차를 보는 순간 대단한 책이라는 생각이 들면서 읽고 싶은 충동이 일었다. 대전환시대에 세계와 대한민국의 미래가 궁금하신 분들에게 일독을 권하고 싶다.

_ 이광형, KAIST 교수 · 《우리는 모두 각자의 별에서 빛난다》 저자

■ 자신을 디지털건축가로 정하고 사는 이순석 박사는 세상은 누군가가 '전략의 현재화' 과정을 통해 의도적으로 만든 것이라는 인식 속에서 철학자나 사학자의 면모까지도 보여준다. 문명의 전략적 현재화를 누군가는 주도적으로 하고, 누군가는 모방만 한다는 차이를 발견하고, '디지털 시대를 지나 탈물질시대로 접어들고 있는 이때' 이제 우리도 '궁리하는 능력과 꾀를 내는 능력'을 발휘하여 전략의 현재화라는 생태계를 구축하는 일에 나서야 한다고 역설한다. 전술 국가나 추격 국가의 단계에서 전략 국가나 선도 국가로 도약해야 할 시점이라는 나의 의견과 궤를 같이하는 것으로 보여 기쁘다. 그의 공동체를 위한 강한 소명 의식과 낙관적인 희망을 읽을 수 있는 점도 귀하게 다가온다.

_ 최진석, 서강대 철학과 명예교수 · 새말새몸짓 이사장 · 《탁월한 사유의 시선》 저자

■ 《공학의 시간》은 미래의 주역을 위한 지침서이다. 과학이라는 가능성을 기술로 구현하고 경제성과 신뢰성으로 상품화하여 인간다운 삶을 가능케 하는 학문의 공학이다. 이 공학에게 새로운 조건을 명령하여 더 나은 미래를 창조하는 것이 우리에게 주어진 시대적 소명이라면, 저자는 그 길잡이를 자처하고 있다. 미래는 선택이 아닌 필수이다. 해박한 지식과 진지한 사유와 뜨거운 열정으로 쌓아 올린 디지털 건축물《공학의 시간》으로 여러분을 초대하고자 한다.

_ 김태유, 서울대 명예교수 · 《한국의 시간》 저자

■ 이순석 박사는 우리 사회 통념으로 보자면 정상이 아니다. 공학박사에 통신네트워크 엔지니어의 최고 권위자 중 한 사람인데 꽁지머리를 하고 다니며 인문학과 공학을 넘나드는 '새통사'라는 포럼까지 돈 한 푼 안 받고 만들어 운영중이다. 그런데 이 비정상적인 박사의 통찰에 미래의 노멀이 담겨 있다. 그는 이 책에서 우리 인류가 물질의 세계에서 비물질의 세계로 전이되어 가는 과정으로 디지털 트랜스포메이션을 이야기하고 그 변화 과정에서 우리나라가 달라져야 하는 점을 조목조목 언급하고 있다. 그 핵심이 디지털 생태계의 설계다. 이제 우리는 선진국이 되었고 더 이상 남의 물건만 카피하며 살 수 없게 되었다. 누구보다 오랜 시간 동안 연구현장을 지켜오며 변화를 이끌어온 그가 깊은 경험을 바탕으로 실천적 생태계 디자인의 방법론을 정리했다. 내용을 읽다 보면 '디지털건축가'라는 직함이 전혀 어색하지 않다. 디지털 생태계 구축에 관심 있는 모든 분께 강력 추천하고 싶다.

_ 최재붕, 성균관대 교수 · 《포노 사피엔스》 저자

■ 과학은 자연에서 세상의 이치를 발견하고, 기술은 인간을 위한 가치를 실현한다. 공학은 본질과 실용의 힘으로 과학과 기술을 연결시킨다. 새로운 세상, 희망의 시대를 여는 대한민국의 힘이 궁금하다면《공학의 시간》을 만나보자.

_ 이형우, 마이다스아이티 회장

■ '다가올 세상에 대한 설계도'와 같은 책이 나왔다.

소통과 공유의 아이콘, 디지털건축가라는 별칭에 걸맞게 이순석 박사의 책은 오랜 시간 사람과 기술을 연결해온 공학자의 통찰로 가득하다. 그의 책《공학의 시간》은 전통산업에서 디지털산업으로, 물질 중심의 세계에서 비물질세계로 전환하는 '대전환기'의 본질을 꿰뚫는다. 결국 인류는 과학의 시간, 기술의 시간을 지나 지금까지 쌓아온 모든 지식과 기술을 새롭게 재배치하는 '공학의 시간'으로 접어들었음을 직시한다. 그리고 도래하는 시대의 '기회균등'에 대해, 공적 SOC의 역할에 대해, 우리나라가 꿈꿀 수 있고, 만들 수 있는 새로운 세상에 대해 희망의 설계도를 펼쳐 보여준다.

세상은 분명 누군가에 의해 만들어진다는 작가의 확고한 철학에 동의한다. 이제 우리가 그의 책《공학의 시간》을 통해 각자의 개성과 꿈, 가능성의 판짜기를 할 '기회의 시간'이다.

앞으로 어떤 세상이 펼쳐질 것인가. 그 속에서 우리나라는 어떻게 될 것인가. 지금 간절히 '디지털 대전환기'의 본질을 통찰하기를 원한다면, 나아가 다가올 세상의 퍼스트 무버First Mover가 되기를 원한다면 반드시 읽어야 할 책이다.

_ 권오경, 한국공학한림원 회장

■ 숨 가쁜 296페이지, '공학의 시간'이라기보다 인류의 미래 문명사를 읽은 기분이다. 반도체 컴퓨터 통신이 가져다준 20세기의 선물이 '너무 빠른 속도'로 인류 문화의 전부를 집어삼킬 듯한 기세를 구도자의 눈으로 차분히 그리고 겸허히 그리고 있다.

이 소용돌이를 견디어낼 한국의 미래 방향 역시 이 책에서 편린이나마 찾을 수 있을 것이다.

_ 박영준, 지능형반도체 포럼 위원장 · 라이팩 이사

■ 이순석 박사는 '공학인'이다. 우리 인류가 직면한 문제를 해결하기 위해 최전방에 선 역군이다. 그런 면에서 이번에 출간된《공학의 시간》은 머리가 아닌 가슴에서 나온 살아있는 '경험의 산고'라고 할 수 있다.

우리에게 공학이 없었다면 우리나라의 현재는 어떠할까, 또는 우리 인류는 어떠했을까를 생각해보면 '새로운 세상으로 이끄는 힘'으로써 작용하는 '공학'의 존재를 알 수 있다. 과학은 분별을 통한 질서를 발견하는 것이 임무이지만, 공학은 그런 질서들을 절묘하게 배치하는 것이 임무라는 저자의 글은 흠 없는 디지털건축가로서 이순석 박사가 생각하는 공학의 의미를 다시 한번 되새기게 한다.

공학의 진정한 의미와 함께 시대가 부르며 꿈을 실현하는 '공학'을 제대로 알고 싶다면 이순석 박사의《공학의 시간》을 읽어볼 것을 강력하게 추천한다.

_ 최재홍, 강릉원주대 교수

■ 과학이 분별을 통한 질서를 발견하는 학문이라면, 공학은 그런 질서들을 절묘하게 배치하는 것이고, 기술의 임무는 공학을 실현하는 것이다. 문명은 배치라는 판짜기를 하는 공학에서부터 창조되었다. 디지털 혁명을 넘어 새로운 시대의 메타버스에 올라타려면 인류를 위해 새로운 판짜기를 고민해야 할 것이다. 다양성이 춤추게 하고 인간 능력의 확장을 마음껏 누리게 하는 유일한 원군은 공학뿐이라는, 폐부를 관통하는 메시지가 이 책에 담겨 있다.

공학, 과학, 기술에 대한 명확한 구분과 함께 우리가 선진국에 진입하는 방법은 '공학'뿐이라고 말하는 이 책을 디지털 대전환기의 공공 분야 종사자들이 꼭 먼저 읽어봐야 한다.

_ 김영휴, 씨크릿우먼 대표·《여자를 위한 사장 수업》 저자

세상은
만들어가는 것이다

오늘도 봅니다.

오늘도 차이를 봅니다. 주 52시간밖에 일할 수 없어 돈벌이가 되지 않는다며 금형장인의 꿈을 버리고 택배회사로 떠나는 반월공단 28세 청년의 사연을 봅니다. 또 한편으로는 10시 출근, 5시 퇴근, 주 30시간 근무제를 전격 도입했다는 회사의 소식도 봅니다.

　두 회사는 어떤 차이가 있을까요? 한 곳은 양산품에 들어가는 부품을 만드는 금형회사고 다른 한 곳은 빅데이터 기업이었습니다. 한쪽은 시간을 투입할수록 더 많은 수입이 창출되고 또 한쪽은 시간을 줄여도 같은 수준의 수입이 창출될 수 있다는 차이가 있습니다. 무엇이 두 회사 간의 차이를 만들어내는 걸까요? 어느 회사든 있는 그저 그런 차이

중의 하나일까요? 산업별 시장의 크기가 달라 생기는 것이라고 치부해버려도 될까요? 시장 크기만의 차이라면, 후자의 단축 근무는 어떻게 설명이 될까요? 설명이 되기는 하나요?

젊은 노동자가 주 70시간의 택배 노동 현장으로 달려가는 이유는 금형장인이라는 직업에서 아무런 비전을 발견하지 못했기 때문일 것입니다. 노동에서 비전을 갖지 못한다면, 돈이라도 제대로 벌어야겠다는 마음일 것이라고 짐작할 수 있습니다. 주 70시간 동안 몸을 갈아 돈을 벌면서 가족과 함께하는 따뜻한 저녁이 있는 삶을 누릴 수 있을까요? 반면 주 30시간 노동자들은 얻지 못하는 주 40시간의 기대이익[1]과 기회비용의 차이는 어떻게 설명할 수 있을까요? 우리는 저마다의 시간에 같은 가치가 있다고 말하지만 현실에서는 같은 시간 동안에 수익 차이가 벌어지는 현상을 설명하거나 이런 차이를 만드는 불균형을 극복하기 위한 대안을 찾아보기 어렵습니다.

전통산업은 수익성이 점점 떨어지고, 부가가치를 기대할 수 있는 산업은 더디게 생성됩니다. 이것이 핵심입니다. 바로 이 지점이 청년 실업과 인구절벽과 고령사회의 출발점입니다. 이대로는 미래에 희망을 걸 수 없습니다. 변화가 없어서 문제라면, 그나마 다행입니다. 변화하기 시작하면 해결의 실마리를 찾을 수 있기 때문입니다. 그러나 세간에 회자되는 기술적 이슈들에 엄청난 투자를 퍼붓고 있는 오늘날에도 새로운 산업의 생성은 요원합니다.

2021년도 정부의 연구개발R&D 예산은 27조 4,000억 원입니다.[2] IMF 직후인 1998년부터 2021년까지의 누적 R&D 예산은 290조

9,000억 원입니다. R&D 예산은 계속해서 증가함에도 신사업은 태동하지 않고, 미래세대에 짐을 지우는 무책임하고 무모한 도전만 난무합니다. 세계 9위의 경제 강국에 어울리지 않는 행보입니다.

우리나라가 서세동점의 시기에 폭력적으로 부를 취득한 전통적 부국인 G7의 높은 벽을 넘나들 만한 자격을 얻었다고 믿기에는 너무나 허술한 부분이 많습니다. 디지털 시대의 개막과 함께 시간의 장벽을 뛰어넘어 차마 꿈꾸지 못했던 대열에 합류했지만, 강대국은 여전히 두터운 아날로그 금고를 보유하고 있고 우리는 그사이 전통이라는 값진 금괴들을 휘발시켰습니다. 이제 우리가 택할 수 있는 길은 많지 않습니다. 그중 가장 확실한 방법은 디지털 시대에서의 압도적 위치를 점하는 동시에 전통을 디지털식으로 복원하는 것입니다.

어떻게 새로운 생태계를 태동시킬까?

문제는 우리가 그 '압도적 위치'를 점하는 방법을 지금껏 빈약하게 축적했다는 것입니다. 한국은 1인당 GDP 67달러에 불과한 최빈국에서 G7 언저리를 넘나드는 부국이 되었지만, 어떻게 해서 여기까지 오게 되었는지에 대한 답을 찾기가 어렵습니다. 축적이 가지는 힘과 영향력에 대한 이야기는 있으나 정작 무엇을 어떻게 쌓아야 하는지에 대한 답은 찾아보기 힘듭니다.

우리가 훔쳐서라도 쌓아두었어야 했던 것은 서양의 수많은 시행착오 과정이었습니다. 아무도 경험해보지 못한 새로운 세계를 만들어나가는 과정에서 겪은 날것의 기억과 험난한 경험에서 비롯된 '생태계 구축'의 비법이었습니다. 어떻게 하면 생태계를 태동하게 하고, 성장시킬 수 있는지, 노화의 길에 접어든 생태계는 어떻게 새롭게 단장할 수 있는지 등에 대한 그들의 생생한 경험이었습니다.

누군가는 디지털 시대를 우리 스스로 구축했다고 말할지 모르겠습니다. 그러나 그것은 착각에 불과합니다. 그저 생태계 가치사슬의 한 자리를 차지했을 뿐입니다. 그것마저 선진국들이 양보해준 것입니다. 그들은 생태계를 그렸고 우리는 그것을 모른 채 그들이 내어준 자리를 차지하고 있습니다.

한계를 받아들여야 지금의 국가적 방황을 해결할 수 있습니다. 오늘날 방황의 이유는 명확합니다. 선진국들이 아직도 새로운 생태계를 실험중이기 때문입니다. 그들조차 아직 우리에게 자리를 마련해줄 준비가 되어 있지 않습니다. 중요한 것은 그들은 무엇부터 어떻게 실험해야 할지 알고 있고, 우리는 모른다는 것입니다.

모르는 것을 모른다고 인정할 때, 새로운 돌파구를 찾게 됩니다. 그러니 모른다고 해서 너무 실망할 필요는 없습니다. 다행히도 우리에게는 그런 실험들을 주도하는 영역들이 있습니다. 민주주의, 소셜 플랫폼, 온라인 게임, 웹툰, K팝, K컬처 등이 대표적입니다. 특이하게도 모두 '비물질'입니다. 우리에게 물질세계라는 서세동점의 오랜 역사의 물줄기를 '조건화'하고 새로운 비물질세계를 주도할 가능성이 있다고 말하는 것은 너무 섣부른 판단일까요? 만일 이것이 가능하다면, 우리가 물질세계와 비물질세계를 아우르는 새롭고 거대한 생태계에서 그들에게 자리를 마련해주는 역전을 꿈꿀 수 있지 않을까요? '조건화'는 그런 의미입니다.

지금껏 선진국들은 대만과 한국이 양질의 반도체를 차질 없이 공급해준다는 조건에서 디지털 생태계를 마음껏 그려왔습니다. 그렇다면 인류는 물질세계의 생태계가 안전하게 유지된다는 조건에서 비물질세계의 생태계를 꿈꿔볼 수도 있지 않을까요? 중요한 것은 세상은 저절로 이루어지는 게 아니라, 누군가의 의도에 따라 만들어지는 것이라는 사실입니다. 혼자든 여럿이든 주체가 어떻든 그 사실을 인식해야 합니다. 그래야만 우리의 성공과 방황, 그리고 도전을 설명할 수 있습니다.

틀 안의 사람들 vs. 틀 밖의 사람들

유발 하라리는《호모 데우스》에서 인류는 기아, 역병, 전쟁으로부터 비롯된 걱정에서 해방된 기쁨을 뛰어넘어 새로운 기쁨을 추구하는 시대로 접어들었다고 말했습니다. 이제 인류는 불멸과 행복과 신성에서 비롯된 기쁨을 갈구하는 시대로 건너가고 있습니다.

'왜 태어났는가'라는 질문에 대한 답은 이미 구했습니다. 이제 '도대체 무엇을 해야 하는가'라는 질문의 시대로 들어가야 합니다. 지구에 생명의 역사가 도래한 이래 다양한 경험을 차곡차곡 쌓은 인류는 저마다 기뻐하는 이유가 다릅니다. 어떤 이는 살아있음에, 어떤 이는 해발 100킬로미터 상공을 나는 것에 기뻐합니다. 어떤 이는 아프지 않음에, 어떤 이는 더 잘 몰입할 수 있음에 기뻐합니다. 또 어떤 이는 폭력으로부터의 해방에, 어떤 이는 함께 새로운 가치를 만드는 것에 기뻐합니다. 전자는 기존의 틀에 머물고 후자는 틀을 벗어나 무한한 가능성에 도전합니다. 이제 우리도 기존의 틀에만 머무를 수는 없습니다. 생존과 안전은 그저 새로움을 위한 전제 조건이 되어야 합니다.

공학은 역사에 기록된 수많은 사건에서 생존과 안전이라는 전제 조건에 숨은 의도를 파악하고 비밀을 읽어냅니다. 그 비밀이란 사태를 일으키는 작동과 작동 간의 상호작용, 나아가 작동의 배치입니다. 그것을 구조라고 합니다. 그렇게 읽어낸 구조에서 특정한 조건과 관계성을 찾아 재구성하고 기대하는 결과가 발생하도록 실험합니다.

그렇게 공학은 사람들이 궁리하고 꾀를 내는 능력, 즉 논리적 판짜기 능력을 배양할 수 있게 해줍니다. 이런 훈련의 기능까지 공학의 범주에 넣는다면, 공학은 사람들의 기대를 실현하는 기술이 들어설 자리를 만들어주는 역할까지 하는 셈입니다. 이것이 공학의 참뜻이지만, 요즘에는 공학을 위한 노력을 찾아보기가 힘듭니다. 그렇다 보니 새로운 세상의 건설과 점점 멀어지는 것은 당연합니다. 이러한 세태로 인해 민주주의, 소셜 플랫폼, 온라인 게임, 웹툰, K팝, K컬처 등의 성공에 공학이 전제되어 있음을 이해하는 사람은 많지 않은 듯합니다.

공학은 기술이 아닙니다. 전략의 현재화입니다. 따라서 전략이 전략대로 겉돌고 기술이 기술대로 헛심만 쓰다 제풀에 지쳐 나가떨어지는 이유는 공학의 부재 때문입니다. 전략의 현재화에는 모든 유무형의 개념이 건축재로 동원됩니다. 건축은 건물뿐 아니라 무엇이든 새롭게 세울 때 필요합니다. 건축을 건물 짓기와 분리해 제자리를 찾게 하고, 건축이라는 방법론으로서 공학을 되찾는 것이 지금 우리에게 절실히 필요합니다. 그런 공학의 부활을 통해 새로운 세상을 만드는 선두에 우리가 나서길 희망합니다.

AI가 업의 모양을 바꾼다

다시, 주 80시간의 수익 차이로 돌아가야 할 시간입니다. '금형'은 자리가 잡힌 업입니다. 무엇을 어떻게 하는지 알 수 있습니다. 도전할 대상도 분명합니다. 이처럼 자리가 잡힌 업은 시간이 적입니다. 시간이 지나면 경쟁자가 나타나기 때문입니다. 이는 업에 도달하는 길이 보인다는 뜻이며 나아가 자동화와 지능화가 가능하다는 의미입니다. 전자두뇌를 탑재한 로봇이 자리를 차지할 수도 있습니다. 남는 것은 생산성의 경쟁뿐입니다. 단순 반복적인 업에서 사람이 기계를 감당할 재간은 없습니다. 인간의 발상에서 기인한 것이지만, 기계 또한 단순 반복적인 업에 머물지 않습니다. 다양한 모양을 자유자재로 만드는 단계로 진화합니다. 금형의 미래를 엿볼 수 있는 대목입니다. 미래는 '디자인'에 달렸지 금형 자체에 있는 것이 아닙니다. 디자인은 영원하나 금형은 인공지능Artificial Intelligence,AI과 3D 프린팅으로 업태를 바꿀 것입니다.

반면, 데이터는 '금형'과는 다른 일을 합니다. 데이터에 숨은 정보와 지식을 통해 다각도로 일을 만들어냅니다. 앞서 등장한 회사처럼, 비즈니스 원격 플랫폼에서 생성되는 다양한 데이터를 분석해 플랫폼의 성능을 좌우하는 결정적 요소를 찾아냅니다. 그것을 원격으로 관리해줌으로써 회사는 안심하고 고객에게 더 좋은 서비스를 제공합니다. 이렇게 시스템을 바꾼 덕분에 전 세계 수많은 IT 플랫폼을 대상으로 비즈니스를 확장할 수 있게 되었습니다.

그뿐 아니라 그 방법을 AI에게 가르쳐 인력이 부재중이거나 휴가를 떠날 때 업무를 지시하고, AI가 판단하기 어려운 것만 판단해줌으로써 비즈니스를 지속해서 성장시킬 수 있습니다. 사람은 AI가 더 정교하게 일하도록 훈련하거나 더 나은 AI를 디자인하는 일을 맡습니다. 데이터 속의 정보가 어디 그뿐이겠습니까? 비즈니스 영역은 말 그대로 활짝 열려 있습니다. 오로지 사람의 구상력에 따라 한계가 정해질 뿐입니다.

한 사람은 데이터를 요리할 수 있고, 한 사람은 할 수 없을 뿐입니다. 한 사람은 비물질세계를 다루는 공부를 했고 또 한 사람은 물질세계를 다루는 공부를 했을 뿐입니다. 그런데 주 40시간의 수익 차이가 벌어집니다. 이 문제를 어떻게 바라보느냐가 핵심입니다. 선택의 문제였다고 놔둘 것인가, 아니면 여기에 숨은 본질적 문제를 찾아서 해결할 것인가.

여기서 사회간접자본Social Overhead Capital, SOC에 대해 생각해봅시다. 왜 저렴하게 이용할 수 있는 통신 SOC를 만들었을까요? 왜 누구나 이용할 수 있는 철도와 도로를 만들었을까요? 왜 누구에게나 전기를 공급하려고 했을까요? 답은 간단합니다. 동시대의 모든 사람에게 필수적인 공공재를 공동체의 힘으로 지원하는 것이 SOC이기 때문입니다. 디지털 시대를 지나 탈물질시대로 접어들고 있는 이때, 모든 사람에게 보편적으로 지원해야 할 것은 무엇일까요? 우리는 탈물질시대의 SOC가 무엇인지 물어야 하며, 주 40시간의 수익 차이를 설명하고 해결할 길을 찾아야 합니다.

왜 역사적으로 SOC였을까?

과식은 포식을 인지할 수 없게 하는 스트레스에서 비롯됩니다. 체내에는 외부 환경의 변화에도 일정하게 유지되는 항상성 조절 기능이 있습니다. 이것이 정상적으로 작동하지 못하는 이유는 주변 환경이 인내할 만한 범위를 벗어났기 때문입니다. 이를 알고 있음에도 주변 환경이 참을 만한 상식의 범위로 유지되는 이유를 자주 놓치는 듯합니다. 문명이 비약적으로 발전하면서 라이프스타일도 큰 변화를 겪고 있기에, 다양하고도 새로운 '격차'가 속속 목격됩니다.

너무 빠른 변화 속도는 사람의 적응력을 넘어섭니다. 적응력의 뒤처짐은 스트레스를 유발하고 이것이 항상성 이상의 또 다른 과도한 기능을 요구합니다. 그 속에서 문명의 발전 속도에 따른 보편적 필요와 SOC 격차를 발견해야 합니다. 그것만으로도 새로운 SOC를 구축할 기회가 생겨납니다. 새로운 기회는 또 다른 기회들을 불러올 것입니다. SOC를 조건화한 후 새롭게 생겨난, 기존에 존재하지 않았던 기회들 말입니다.

지구는 역사적으로 항상 위기의 순간에 새로운 조건화로 삶의 방식을 재편해왔습니다. 또 한 번 그런 순간이 다가왔습니다. 바로 디지털 혁명입니다. 문제는 과거의 경험치 덕분에 디지털 혁명이 도래했지만 혁명을 위한 조건은 뒤따르지 못하고 있다는 것입니다.

몸 속의 기회균등 비법

이 책은 앞으로의 시대에 '기회균등'이라는 공감대를 형성하고자 하는 바람에서 준비했습니다. 우리는 흔히 공정과 평등을 이야기하면서, 주어진 환경을 바꿀 수 없는 것으로 간주합니다. 앞을 가로막은 담장을 넘어가는 방법에 대해 공정과 평등을 이야기하는 것도 중요하지만, 담장이 없는 환경도 대안이 될 수 있음은 쉽게 간과됩니다. 누군가 열린 환경을 만들어준다면, 담장 때문에 들이는 노력은 모두 무의미한 낭비가 아닐까 싶습니다.

다시 한번 강조하자면 세상은 저절로 존재하는 것이 아니라 누군가에 의해서 만들어져왔습니다. 이 관점은 세상을 보는 완전히 다른 눈을 뜨게 해줍니다. 사람을 구성하는 수많은 세포가 각자 살아남기 위해 발버둥 치고 있다면, 사람이 건강하게 살아갈 수 있을까요? 당연히 불가능할 것입니다. 모두가 힘을 모아 산소를 만들고 피를 공급하며 영양분을 나눠야 세포들은 생존 그 이상의 새로운 가치를 추구할 수 있습니다.

그 관점을 연장해 세상이 누군가의 의도에 따라 만들어졌는지, 이를 위해 산소, 피, 영양분 공급 장치와 같은 특정 조건을 확보했는지를 아는 통찰력이 생긴다면, 미래는 전혀 다른 방향으로 전개될 수 있다고 확신합니다. 이 책에는 새로운 세상을 위해 우리가 찾아야 하는 조건에 대한 공감대를 형성하고 함께 힘을 모을 수 있다는 희망이 담겨 있습니다.

공학에게 새로운 조건을 명령하다

사회·진화적 측면에서 사람의 보편적인 고민과 희망 사항은 굳이 학자가 아니라도 쉽게 정리할 수 있습니다. 범람하는 정보의 홍수 속에서 수많은 사람의 바람들은 자연스럽게 정제되기 때문입니다. 그런 바람들이 바로 '인류의 의도' 아닐까요? 그렇게 되려면 다가올 세상을 위한 설계도를 과감하게 그릴 수 있어야만 합니다. 설계도 작성에 필요한 지식은 인류 문명사라는 거대한 지식 저장고에 널리고 널렸습니다. 그중에 세상을 움직이게 하는 구조에 대한 지식이 있습니다. 공학은 구조를 읽어내 설계도 작성의 시행착오를 줄이는 역할을 담당합니다.

공학은 과학과 다르고 기술과도 다릅니다. 과학의 임무가 숨은 사실들에서 질서를 발견하는 것이라면, 공학의 임무는 그런 질서들을 절묘하게 배치하는 것입니다. 다시 말해 기술은 공학을 실현하는 것입니다. 문명은 배치라는 판짜기를 하는 공학에서부터 시작됩니다. 그동안 우리는 이런 공학이 부재하는 시대를 겪었습니다. 이로써 사람들의 궁리하는 능력과 꾀를 내는 능력은 감퇴했습니다. 여기에서 비롯되지 않은 기술은 모두 모방에 지나지 않습니다. 24년간 300조 원에 이르는 국가 R&D 예산의 성과가 미약한 이유가 바로 여기에 있습니다.

2021년 7월 11일 일요일 오전 10시 40분. 미국의 민간 우주 관광 기업인 버진 갤럭틱의 우주선이 지상 86킬로미터 상공까지 올라가서 네 번째 유인 우주 관광에 성공했다는 소식이 전해졌습니다.[3] 어떻게 이런 일이 미국은 가능하고 우리는 불가능한 걸까요? 누구도 부인할 수 없는 답이 있습니다. 우린 저들이 떠난 자리까지 이르는 계단을 아직 준비하지 못했기 때문입니다.

디지털 혁명을 넘어 메타버스의 시대가 성큼성큼 다가오고 있습니다. 이 책은 새로운 시대의 버스에 모두 함께 올라탈 수 있어야 한다는 열망에서 태어났습니다. 79억 인류를 위해 판짜기를 고민하는 공학적 노력이 없다면, 아무리 많은 돈을 쏟아부어도 사람들이 흡족할 만한 성과는 요원할 것입니다. 다양성이 춤추는 가운데 모두가 인간 확장의 시대를 마음껏 누리게 되길 소망해봅니다. 아울러 이 책이 길을 잃고 헤매는 공공에 작은 초롱불 하나가 되었으면 하는 바람입니다.

그리고 지금, 우리 대한민국은 최초의 달 탐사 위성 다누리의 성공적인 궤도 안착에 들떠 있습니다. 앞선 나라들이 유인 우주선은 기본에, 우주 정거장, 우주 공장, 우주 광산, 행성 간 이동체계, 화성 탐사, 화성 도시 건설 등을 꿈꾸고 있을 때, 우리는 이제 겨우 남의 발사체에 의지한 채, 달 탐사를 떠나는 꿈을 실현한 것뿐인데도 그 열기가 뜨겁습니다. 꿈의 힘이라는 것이 바로 이런 것이라 여겨집니다. 비록 늦었지만, 초기 조건을 뛰어넘게 하는 유일한 원군는 바로 '공학'입니다. 새로운 초기 조건을 만들어내, 우주 공장을 건설하는 시간쯤에는 우리도 당당한 주역이 되길 갈망합니다.

2022년 여름, 모든 것의 틈을 보며
디지털건축가 이순석

차례

1장　주어진 세상, 만들어내는 세상

2장　세상을 만드는 신에너지의 획득

THE MISSION
OF
GENERAL
ENGINEERING

7장   다가올 미래에 떠오르는 투자 대상들

1장

THE MISSION
OF
GENERAL
ENGINEERING

주어진 세상,
만들어내는 세상

스타십 SN10의 지구 착륙

2021년 3월 4일은 스페이스엑스의 일체형 우주선인 SN10이 지구를 떠났다가 회항해 처음으로 지구에 착륙한 날입니다. 착륙 직후 폭파되었으나 이때의 경험 덕분에 이후 5월 6일에 SN11은 지구에 성공적으로 착륙했습니다. 우주 주유소가 만들어지면 본격적인 우주여행을 꿈꿀 수 있을 것입니다. 세상은 새로운 것을 만드는 사람들이 있어 경이롭고 아름답습니다.

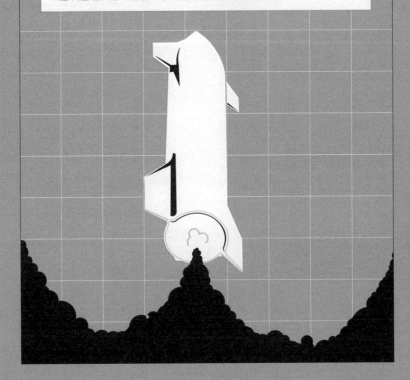

세상이 걸어온
흔적들

2021년 3월 4일. 미국의 텍사스주 보카치카 우주선 발사대에서 스페이스엑스의 열 번째 우주선인 스타십Starship의 비행시험이 있었습니다. 스타십은 자동차처럼 연료를 주입하면 다시 날 수 있는 우주선을 만드는 것이 목표였습니다. 구체적으로는 약 28억 달러(한화 약 3조 6,400억 원)가 드는 발사 비용을 2억 달러(한화 약 2,600억 원) 수준으로 줄여서 우주여행의 시대를 열겠다는 것입니다.[1] 이를 위해서는 우주선을 발사 후 재사용할 수 있는 기술적 도전에 성공해야 합니다.

이날은 열 번째 시험비행 우주선이 발사와 착륙에 성공한 첫날입니다. 비록 착륙 후 우주선이 폭발해버리긴 했지만, 이와는 별개로 우주비행의 새로운 역사를 쓴 것만은 틀림없었습니다. X프라이즈재단 **XPrize**을 이끌고 있는 일론 머스크는 스타십 프로젝트를 '제2의 맨해튼 프로젝트'라고 명명했습니다. 맨해튼 프로젝트는 제2차 세계대전 중에 진행된 핵폭탄 개발 프로젝트입니다. 이 프로젝트의 성공은 전쟁의 양상을 판이하게 바꿨으며 인류가 원자력을 이용하게 된 변곡점이 되었습니다. 스타십 프로젝트는 인류가 '창백한 푸른 점'[2]에 불과한 지구를 벗어나 우주를 생활공간으로 편입할 수 있다는 희망을 주기에 충분했습니다.

유한시간 특이점

머스크의 스타십 프로젝트와 맨해튼 프로젝트를 소환하는 이유는 이 세상이 '누군가'가 변곡점을 만들어내는 힘에 따라 끊임없이 이어져 왔다는 점을 짚어내기 위함입니다. 언어와 문자의 탄생도, 농업혁명도, 증기기관·기차·자동차·전기·컴퓨터의 탄생도, 정보이론·인터넷·AI의 등장도 인구가 100만 명이 훨씬 넘었다는 고대 로마의 상하수도만큼이나 놀라운, '누군가'의 고민에 의한 결과임을 의심할 여지는 없습니다.

　미국 뉴멕시코주에서 복잡계 과학을 연구하는 민간연구소인 산타페연구소의 제프리 웨스트 Geoffrey West 박사는 도시와 경제에 수확체증법칙이 적용되려면 반드시 한정된 시간 내에 초지수적으로 성장해야만 한다는 '유한시간 특이점'[3]이 존재한다고 말했습니다. 이런 특이점을 방치하면 에너지의 무한 소비가 발생해 침체와 붕괴가 일어날 수밖에 없기 때문에, 인류가 존속하기 위해서는 그런 현상을 우회하는 '새로운 대안'이 필요하며, 이것이 곧 '패러다임의 전환'이라고 이야기합니다. 이 또한 '그 누군가'가 만든 변곡점을 통과했다는 의미입니다.

구글의 미래학자 레이 커즈와일Ray Kurzweil은 《특이점이 온다》[4]에서 지구 역사에서 등장한 주요 혁신과 그 품목을 그래프로 작성했습니다. 이 그래프를 통해 우리는 현재 거대한 유한시간 특이점이 숨 가쁘게 다가오고 있으며, 그 특이점의 '우회로', 즉 새로운 패러다임이 탄생해야 한다는 것을 이해하게 됩니다.

그럼 빠르게 다가오는 특이점의 우회로는 시간이 흐르며 자연적으로 만들어지는 것일까요? 가만히 두면 '누군가'가 혜성처럼 나타나서 그때마다 기발한 우회로를 만들어냈던 것일까요? 그게 아니라면 이런 탄생을 위한 전제 조건에 대한 질문이 이어져야만 합니다.

정보의 비대칭, 점심값 246억 원

'무언가'를 만들 때는 당연히 에너지가 전제되어야 합니다. 이 에너지에는 다양한 정의가 있을 수 있지만, 최신 패러다임으로 접근하면 다음과 같습니다. 클로드 섀넌[5]이 정보량의 단위를 '비트'라고 정의한 이래, 비트가 곧 물리량[6]이라는 것을 현대과학이 증명함으로써 정보는 곧 에너지의 다른 표현이라는 것을 확신하게 되었습니다. 이런 관점에서 에너지의 차이는 곧 정보의 비대칭성이라는 사실이 도출됩니다.

투자의 귀재인 워런 버핏은 2000년부터 매년 자신과 점심 식사를 함께할 기회를 경매에 붙이는 자선행사를 하고 있습니다. 2022년 6월에는 '버핏과의 점심 식사'가 무려 한화 246억 원에 낙찰됐습니다. 버핏이 점심 식사 경매를 더 이상 진행하지 않겠다고 밝혀 2022년이 마지막 기회인 이유도 조금은 포함되어 있겠지만 여전히 매우 큰 금액입니다. 낙찰자가 버핏과의 식사에 246억 원의 돈을 지불하는 이유는 무엇일까요? 가장 깔끔한 대답은 바로 '정보 비대칭'입니다. 버핏이 가지고 있는 투자와 시장 생태계, 인맥에 관한 정보가 246억 원보다 크다는 확신이 있기 때문입니다. 정보 비대칭성이 얼마든지 화폐 가치로 교환 가능함을 보여주는 중요한 사례입니다.

최근에는 잠재적인 정보 비대칭에 기반한 사회적 영향력을 암호화폐와 연결해 투자하는 비즈니스도 탄생하고[7] 있는 것을 보면, 세상의 우회로를 만들어왔던 사람들은 분명 정보라는 충분한 에너지를 확보하고 있었거나 정보 비대칭성이 갖는 매력을 알고 있었음이 틀림없습니다.

정보 생산체계와 집대성체계

이제 정보의 생산에 관해 이야기할 차례입니다. 여기에서 섀넌의 초기 정의를 되새겨보겠습니다. 그의 정의에 따르면 정보는 '불확실성을 측정하는 정량적 표현'입니다. 이런 정의에 기반해 정보의 생산 방법은 다음과 같이 나눌 수 있습니다. 첫째, 감각으로 직접 구분하는 것. 둘째, 구분된 정보들의 2차 관찰, 3차 관찰, …… n차 관찰로 관계 정보를 생산하는 것. 이 축차적인 관찰은 정보와 정보 간의 관계를 위계적으로 정리하거나 수평적 연관성을 찾는 정보를 생산하게 합니다.

이런 정보 생산에서는 체계를 마련해놓아야 합니다. 체계 중에서도 가장 중요한 것은 정보를 한자리에 수집하고 저장해 편하게 분석하는 것입니다. 시장의 관점에서 정의해보면, 정보의 가치는 많은 시장과 연계될수록 높아집니다. 버핏과의 점심 식사 대가가 246억 원까지 치솟은 이유는 식사 이후에 생길 기회에 대한 열 배, 백 배, 천 배, 만 배의 기대감일 것입니다. 그 기대감은 버핏이 다루는 정보의 폭과 깊이에 그만한 질적인 가치가 있다고 판단했기 때문에 생겨납니다.

또한 정보가 조밀할수록, 정보의 이질성이 다양할수록 더욱 질 높은 정보가 추출됩니다. 버핏이 짧은 시간에 상대에게 줄 수 있는 정제된 정보는 틀림없이 버핏과 버핏이 가진 정보 관리체계가 만들어내는 통찰력의 수준에 좌우될 것입니다. 정보의 집대성, 즉 정보의 양이 정보의 질에 영향을 미쳐 비대칭에는 가속도가 붙습니다.

그러나 그런 체계를 구축하는 데에도 에너지가 필요하므로 에너지를 최소화하는 방법이 필요합니다. 다양한 정보를 생산하기 위해서는 그만큼 투자가 전제되어야만 합니다. 그것이 바로 R&D입니다. 정보의 가치라는 관점에서, R&D는 다양성 배양의 방법론인 셈입니다. 즉 독립적인 연구자들의 양성과 그들의 다채로운 실험에 대한 투자가 전제되어야 함은 두말할 필요가 없습니다.

이런 관점에서 제4차 산업혁명은 다양성 배양에 투자하는 데서 출발합니다. 또한 전기, 통신, 전파, 도로, 전기, 대중교통 등을 공급하는 SOC 역시 다양성 배양의 일환입니다. 선진국 가운데 SOC에 대한 투자를 게을리하는 나라는 없습니다. 우리나라도 다른 나라를 벤치마킹해 SOC를 충실히 구축한 덕분에 다양성을 확보할 수 있었습니다.

투자 다음으로 중요한 것은 정보를 집대성하는 체계입니다. 정보는 모으는 것도 중요하지만, 그 속에 숨어 있는 '가치'를 수사[8]하는 체계가 필요합니다. 지금까지는 정보 분석가들이 가치 수사를 담당했지만, 이제부터는 AI들이 담당할 것입니다. 이런 환경에서는 AI가 하기 어려운 목표 설정에 전문가가 관여하는 것이 중요합니다. 이는 사람과 사회에 대한 깊은 이해가 필요하기 때문입니다. 대체로 앞선 나라에는 이런 정보를 집대성하는 많은 민간재단[9]이나 연구기관이 활성화되어 있습니다. 성장 중인 국가들이 가지지 못한 부분입니다. 이제 AI의 도움으로 선진국이 가진 시간의 축적을 뛰어넘을 절호의 기회가 도래했습니다.

아키텍트와 아키텍처

사람이 지적 활동을 영위하려면 최소한의 필수 에너지를 지원하는 체계가 필요합니다. 단일체계 또는 생태계가 뒷받침되는 연합체계도 생각해볼 수 있습니다. 어떤 체계든 기능을 계속해서 담당하며 스스로 진화할 수 있는 것이 가장 좋습니다. 이런 체계를 갖추기 위해서는 구조와 작동이라는 전문적인 설계가 필요합니다. 이것이 아키텍트**architect**와 아키텍처**architecture**입니다. 이 점이 후발 국가가 뒤처지는 부분입니다.

아키텍트는 목표를 위한 구조와 작동을 위한 과정들이 정의되는 아키텍처를 설계합니다. 전자제품을 예로 들어보면 글로벌 경쟁력을 가진 전자 제조업 분야는 소수의 전자제품을 제조하는 EMS 분야와 전자제품 디자인과 EMS에 구체적인 비용에 맞게 발주를 담당하는 제조 플랫폼 서비스 분야로 나뉘어 있습니다.

물론 이보다 더 세분화된 분야도 있습니다. 대표적으로 반도체는 설계, IP, 생산, 조립·검사, 유통 과정을 나눠 운영하고 있습니다. 제품이 완성될 때까지의 작업을 분할하는 것은 체계를 지탱하는 구조와 작동에 대한 뼈대가 있고, 이를 중심으로 부분 체계들이 나눠지기 때문입니다. 대규모의 자금과 인력이 투입되는 거대 사업을 후발 국가들이 할 수 없는 가장 큰 이유는 아키텍처의 축적된 지식의 부재와 그것을 다루는 아키텍트의 부족 때문입니다.

정보 비대칭을 확보하기 위한 정보 집대성체계의 마련도 예외는 아닙니다. 지구촌 전체나 화성과 달을 포함한 소우주를 대상으로 하는 포괄적 체계를 준비할 때는 전문적인 아키텍트와 부분 체계를 다루는 아키텍트의 존재가 핵심요소입니다. 정보 비대칭성을 확보하는 가장 확실한 접근 방법이 정보를 다루는 범위이기 때문에 앞선 나라들은 누구보다 먼저 우주산업에 뛰어들고자 했습니다. 인류가 도달해보지 못한 극미시세계에 대한 정보 생산에서도 비용을 최소화하기 위해서는 반드시 체계가 필요합니다.

세상이 움직이는 방식과 걸어온 길

선진국과 후발 국가의 가장 큰 차이는 세상에 존재하지 않는 '새로운 것'을 만들어내느냐 아니냐입니다. 그뿐 아니라 이를 위한 새로운 방법도 만들어냅니다. 새로운 것과 방법을 만들어 독점하며 에너지를 축적합니다. 그다음에는 이러한 방법을 부분으로 쪼개 후발주자들에게 양도함으로써 생산 비용을 줄여 에너지를 더욱 축적해나갑니다.

이후에는 새로운 것을 기반으로 하는 '서비스'로 발걸음을 옮겨 또다시 독점하는 수순을 밟습니다. 이를 '글로벌 공급망' 또는 '글로벌 가치사슬Global Value Chain, GVC'이라는 고상한 이름으로 부르고 있습니다. 지금 전 세계에서 가장 뛰어난 우리나라의 반도체 산업 역시 디지털 산업이라는 거대한 GVC의 하나입니다. 뒤따르는 나라들의 치열한 품질 경쟁, 기능 경쟁의 판을 벌여놓고 선진국들은 거대한 서비스 시장을 장악한 채 전 세계로부터 에너지를 흡수하고 있는 것입니다.

이것이 세상이 움직이는 방식이고 걸어온 길입니다.

다행히 우리 앞에 있는 미래의 크기는 인류가 다루기 벅찰 정도로 불확실성이 가득합니다. 이는 숨은 기회, 즉 잠재력이 무궁무진하다는 것을 의미하기도 합니다. 그간 우리는 앞선 나라들이 에너지를 축적한 방식을 가질 기회가 없었으므로 추가적인 시간이 필요했습니다. 우리가 못나서가 아니라 새로운 무언가를 할 때는 그만큼 에너지가 필요하기 때문입니다. 그 길은 선배들의 피와 땀으로 이루어졌기에 더 자랑스럽고 값집니다. 이제 후배들이 새롭게 건너갈 차례입니다.

길 위의 또 다른
변곡점

조금만 상상력을 발휘해봅시다. 리서치 회사 테크저리_{Techjury}가 발행한 보고서에 따르면**10**, 2020년 기준으로 한 사람당 매초 1.7메가바이트_{megabyte}의 데이터를 생성한다고 합니다. 이것을 기준으로 계산해보면 하루에 전 세계에서 생산되는 데이터 양은 2.5퀸틸리언_{quintillion} 바이트입니다. '0'이 무려 18개, 250경 바이트이니 글자 수로 따지면 1.25경 자입니다. 한 페이지에 1,000글자가 들어가는 책을 기준으로 하면, 12.5조 쪽의 책을 만드는 것과 같습니다. 300쪽짜리 책을 1년에 100권씩 읽어서, 모두 읽는 데 대략 4억 년이 걸리는 어마어마한 양입니다. 가상의 세계에 매일 그만큼의 정보가 쌓이고 있습니다. 한 사람이 소화할 수 없는 막대한 양입니다. 사물인터넷에서 생산해내는 정보까지 생각하면 말 그대로 무한대의 크기가 됩니다.

유한시간 특이점, 우회로

여기에 인간이 만든 인공 빛의 속도(20만km/초, 자연 빛은 30만km/초)로 우리의 감각은 이미 가상세계의 무한 정보 창고에서 새로운 정보들을 취하고 있습니다. 지구는 우연이 우연을 만나 새로운 우연을 창조하며 진화해왔고, 그 결과가 지금 존재하는 우리라는 사실은 사회진화적으로 충분히 설명된다[11]는 것을 고려해보면, 인간의 지적 성장 속도 또한 기하급수적으로 빨라질 것은 의심할 여지가 없습니다. 여기에는 수많은 증거가 존재합니다.

가장 대표적인 보고서가 레이커즈 와일의 《특이점이 온다》입니다. 이 책은 세상이 급속도로 빠르게 변한다는 것을 말하고 있습니다.[12] 인간과 기계가 서로를 빠르게 변화시키면서 가속에 가속이 붙고 있습니다. 피터 디아만디스의 책 《컨버전스 2030》[13]에서도 기술의 변화 속도가 빨라지며 인간의 라이프스타일 전체를 바꿀 것이라고 전망합니다. 바로 제프리 웨스트 박사가 말한 유한시간 특이점을 회피하는 우회로가 빠르게 마련되고 있다는 것입니다. 이것은 '누군가'가 새로운 세상을 준비하고 있다는 것의 다른 표현입니다.

시간의 비가역성을 넘어서

다가오는 세상과 지금의 가장 큰 차이는 시간의 가역성과 공간의 중첩성 실현입니다. 먼 미래나 되돌릴 수 없는 시간의 비가역성을 깨는 다양한 실험이 진행되고 있으며, 중첩될 수 없는 공간의 새로운 경계에 대한 실험 역시 여러 방향으로 진행되고 있습니다. 이 두 가지 파괴적인 실험이 현실화된 것은 바로 인간이 특정 시공간에 갇힐 수 없으며 인식 사이를 넘나드는 특별한 개체(體라는 글자는 형상이 존재하지 않는 것에도 사용됨)라는 자각 때문일 것입니다.

대표적인 실험으로 마틴 로스블랫Martine Rothblatt이 자기 가족의 페르소나를 AI가 학습하게 한 것[14]이나 오픈 AI의 AI 언어생성기 GPT-3[15]를 들 수 있습니다. GPT-3는 한 인간의 언어 습관을 통계학적으로 옮겨놓을 수 있다는 새년의 실험[16]과 정보이론에 바탕을 둔 언어생성 AI입니다. 지금 활약하고 있는 GPT-3의 능력은 어떤 상황에서든 나와 똑같이 말하는 AI 언어생성기를 만들 수 있다는 확신을 주기에 충분합니다. 이러한 가능성은 인간의 행동이나 감정까지 옮길 수 있다는 것을 보여줍니다. 실제로 리사 펠드먼 배럿Lisa Feldman Barrett 노스이스턴대학교 교수는 감정은 그냥 있는 것이 아니라 생존을 위해 꾸준히 다듬어진 것이라고 주장합니다.[17]

감정이란 과거에 어떤 사건에 대응할 때 생존을 위해 최적의 반응을 표출한 경험이 쌓이면서 구성된 알고리즘입니다. 이런 인지심리학적 연구 결과들로 미루어 인간의 감정도 AI에게 충분히 옮길 수 있

습니다. 실리콘밸리에서는 돌아가신 부모님의 말투를 AI에게 학습시
켜 심리치료에 활용하는 것도 꿈꾸고 있습니다. 조금 더 상상력을 더
하면, 죽음을 맞은 가족과 통화하며 서로를 위로해줄 시간도 머지않아
도래할지 모릅니다. 이러한 상상력의 현실화는 바로 시간의 비가역성
이 깨지는 순간을 의미합니다. 다음은 공간을 이야기할 차례입니다.

무한히 존재하는 경포대의 달

공간은 서로 겹칠 수 없습니다. 데카르트가 제안한 좌표계에 입각한
획일화된 잣대의 도입이 아니더라도 공간은 겹칠 수 없습니다. 공간
또한 시간 개념으로 받아들여지기에 시간의 흐름에 따라 배열됩니다.
그러나 이제 시간이 가역적인 대상이 되면, 공간 또한 자연스럽게 겹
쳐질 수 있어야만 합니다. 시간의 장벽을 넘어서면 공간 개념도 훨씬
자유로워집니다. 시간을 넘어설 수 있다는 밑바탕에는 인간이 어느 한
시공간에 갇힌 개체가 아니라는 전제가 깔려 있으므로 인간은 두 공간
상에도 얼마든지 존재할 수 있게 됩니다.

컴퓨터의 앱들은 '동기화' 기능을 이용하면 언제든 상호-현재화가
가능합니다. 디지털 기술 덕분에 물리세계의 모든 것은 추상화되어 가
상공간에 존재할 수 있게 됩니다. 경포대의 달이 다섯 개(하늘에 뜬 달,
바다에 비친 달, 호수에 잠긴 달, 술잔에 빠진 달, 사랑하는 사람의 눈에 빠진 달)만
존재하는 것이 아니라 무한히 존재할 수 있다는 이야기입니다.

다만 아직 인간을 완벽하게 옮길 수 있는 단계가 아니기 때문에 '패킷 교환 인간Packet Switched Human'[18]이라는 생소한 개념이 탄생합니다. 이는 아바타를 이용해서 빛의 속도로 이동하는 사람을 일컫는 용어입니다. 모든 것이 추상화된 가상세계인 메타버스에 나의 분신인 아바타가 존재하는 것입니다. '물리공간의 나'와 '가상공간의 나'가 초연결 통신으로 연결되어 메타버스 세상에서 전 지구촌 사람들과 어울릴 수 있습니다. 미국의 실리콘밸리에 머물다가 잠시 후 프랑스 파리의 루브르 박물관으로 이동하는 '나'가 존재하는 일은 머지않아 실현될 것입니다.

다가오는 페르소나의 시대

변곡점을 통과한 다음에 만날 세상의 핵심은 역시 '페르소나persona'입니다. '나'에는 다양한 페르소나가 모여 있습니다. 지금도 사회학을 포함한 다양한 학문에서 인간을 다중인격multi-persona, 즉 개인보다 더 세분화된 존재이자 인식체로 분류하고 있습니다. 특히 최신 사회학인 일반체계이론에서는 인간을 다양한 인격이 모인 '차이동일성einheit'[19]의 개체로 정의합니다. 이는 기독교의 삼위일체와 비슷한 개념입니다. 근대 이후 '개인'이 탄생했음에도 여전히 완전한 개인을 찾지 못한 것처럼, 차이동일성의 개체인 인격의 탄생 이후에도 '페르소나들로서의 나'가 온전히 설 수 있기까지는 많은 시간이 필요할 것입니다.

그러나 최신 기술의 급격한 발달 속도를 감안하면 인간들의 각성 시점은 의외로 빨리 도래할 수도 있습니다. 사회적 체계이론이라는 거대이론을 정립한 니클라스 루만Niklas Luhmann이 말한 것처럼 체계가 존재하지 않는 기초 위에 구축되었듯이, 인간 또한 생명 진화 역사의 산물인 수많은 기억의 기초 위에 세워지기 때문입니다.

알고리즘을 먹는다

기계도 마찬가지입니다. 이처럼 압축된 시간을 단시간에 주입함으로써 탄생한 것이 AI입니다. 그 방식을 사람에게 확장하면, 감각에 인공적으로 직접적인 자극을 주어 지금까지와는 전혀 다른 방법으로 학습하도록 할 수 있습니다. 바로 전이학습transfer learning[20]이라는 것입니다. 인류가 쌓아온 통찰력을 AI에게 통째로 전이학습하는 것이 현실화된다면, 인간들의 각성 속도 또한 급격히 빨라질 것입니다.

　지금 우리가 이야기하는 변곡점은 물리공간에 맞춘 삶을 박차고 나가 새로운 시공간을 만든다는 관점에서 지금까지 인류가 경험했던 변곡점과는 차원이 전혀 다릅니다. 그 변곡점이 만들어내는 한 방향이 새로운 시공간으로의 확장이라면, 반대 방향으로의 인도도 동시에 존재합니다. 물리세계의 심층으로 향하는 방향입니다. 오랜 시간 동안 과학의 관심 대상이었던 물리세계는 이제 대부분 인류의 통제권에 들어왔다고 해도 과언이 아닙니다. 물리세계를 얼마든지 재구성할 수 있는 상태에 돌입했다는 것입니다.

변곡점 이후의 아찔한 상상력

차원이 다르다는 것을 반드시 명심해야 합니다. 이러한 변곡점이란 아무도 경험하지 못했고 상상조차 어려운 것들과의 조우입니다. 따라서 이제부터는 스스로 기준을 세울 줄 아는 자유인들끼리 경쟁해야 합니다. 변곡점 이후의 세상은 감각이나 경험에 기초한 관념이 아니라, 욕망에 기반한 정념의 상상력이 중심이 될 수밖에 없습니다. 자신만의 세상을 만들어본 사람이 제일 큰 활갯짓을 할 수 있는 세상입니다. 개개의 페르소나들이 자유롭게 날아다니되 서로 충돌하지 않게 하는 시공간, 즉 물리공간과 가상공간이 통합되는 무한의 시공간은 반드시 건축되어야 할 것입니다.

지속 가능한
미래를 위한 준비

이젠 아찔한 상상력의 세계에서 착륙해야 할 시간입니다. 새로운 세상을 만들기 위해서는 먼저 펜으로 설계도를 그려야 하기 때문입니다. 인류의 역사를 보면 진화라는 것이 진보, 즉 더 나은 쪽으로 걸어가는 것만은 아니었습니다. 지금 우리가 긍정적인 측면에서 누리고 있는 인터넷도 부정적인 측면이 얼마나 많은지 생각하면 쉽게 이해가 갑니다.

그 행보는 틀림없이 큰 틀에서 성장을 지속하려는 것입니다. 유한한 자원의 한계를 극복하고 열린 성장을 추구하면서 혁신으로 변곡점들을 지나왔지만, 지구 전체를 고루 살피면서 건너오지 않았다는 것은 자명한 사실입니다. 개개의 인격 보호에 각성이 없었던 시대와 지금의 접근 방식은 당연히 달라야만 합니다.

에너지가 필요한 새로운 규범

세계는 정보 비대칭이라는 거대한 에너지 차이를 기반으로 '누군가'의 의도에 따라 만들어져왔고 또 만들어져갈 것입니다. 그 '누군가'는 앞으로 과거와는 차원이 다른 복잡성을 다루어야만 합니다. 이것이 인간의 보편성에 부합하는 것이라면, 새로운 세상의 '새로운 규범'으로 작용할 것입니다. 새로운 규범 또한 '만들어지는 것'이기에 막대한 에너지가 투입됩니다. 에너지를 어떻게 투입할지 사전에 계획해야 하는 이유입니다.

한 가지 잊지 말아야 할 것이 있습니다. 우리가 다루는 문제는 정지된 대상이 아닙니다. 수많은 존재가 서로 영향을 미치면서 변화하는 복잡계를 다루는 일이며, 이들의 생존과 성장에 관한 문제입니다. 말 그대로 카오스의 세상을 처리하는 것입니다. 이런 불확실한 세상을 버텨온 힘이 다양성에 기초한 진화였다는 사실을 한시도 잊어서는 안 됩니다. 다양성은 에너지를 만드는 최상위층이라는 것도 명심해야 합니다. 정보는 끊임없이 새로움을 탄생시키는 네거티브 엔트로피**negative entropy**[21], 즉 에너지라는 것도 기억해야 합니다.

정보 = 네거티브 엔트로피 = 에너지

새로운 규범을 설계할 때 가장 먼저 고려할 점은 다양성의 보전 혹은 배양입니다. 인터넷 기술이 생활 깊숙이 파고들고, 사물인터넷**Internet of Things,IoT**이 확대되고, 컴퓨터와 뇌와의 직접 통신이 시도되고, AI의 관찰 능력은 나날이 고도화되고 있습니다. 이러한 환경을 '초연결'이라고 부릅니다. 대면 만남에 양면성이 존재하듯 초연결에도 장단점이 있습니다. 초연결이 심화될수록 우연성은 확대되므로 다양성이란 측면에서는 분명 순기능입니다. 그러나 그것은 어디까지나 개체들이 상호배타적으로 유일할 때만 기대할 수 있습니다. 개성이 없는 복사판과의 만남은 아무런 우연도 만들어내지 못하기 때문입니다. 뻔하다는 것은 '새로운 정보'가 존재하지 않는다는 뜻이므로 새로운 에너지도 생성될 수 없습니다.[22]

그렇다면 초연결사회에서 어떻게 유일성을 보존할 수 있을까요? 개체마다 다른 '차이'[23] 또는 '차이동일성'[24]을 확보해야 합니다. 이는 개체들이 경험하는 상황에 대한 개별적 대응을 만들어내는 고유성이자 정체성입니다. 즉 고유한 구조와 작동의 조건입니다. 구조와 작동이 같은 개체는 복제본일 수밖에 없습니다. 복제할 수 있다는 것은 미리 읽을 수 있다는 것이고 이는 에너지원으로써 아무 가치가 없다는 뜻입니다.

이해를 돕기 위해 야구선수 류현진의 투구 비밀을 사례로 들어보겠습니다.

류현진 투구의 영업 비밀, 0.00926

류현진 선수는 똑같은 릴리스 포인트에서 다양한 구질을 던질 수 있습니다. 타자는 0.2초에서 0.4초 사이에 투수가 던지는 구종과 방향을 판단해야 공을 맞힐 가능성이 큽니다. 타자 앞을 통과하는 로케이션이 총아홉 개고, 류현진 선수가 네 개의 구질과 세 종의 구속을 섞어서 공을 던진다고 가정하면, 타자가 공을 맞힐 확률은 0.00926까지 줄어듭니다. 류현진 선수가 얼마나 까다로운 선수인지 알 수 있는 대목입니다.

그렇다면 만약 류현진 선수의 머릿속을 읽어서 0.3초 만에 어떤 공이 날아오는지를 알 수 있다면, 안타를 칠 가능성이 커지지 않을까요? 고유성이 침범당하지 않아야 다양성이 보존된다는 것을 이해할 수 있는 예[25]입니다.

이처럼 개인의 고유성은 절대 양보할 수 없는 지구 전체의 생존 문제입니다. AI에 아무리 순기능이 있다고 해도 프라이버시는 절대 보호받아야 합니다. 이 문제는 의외로 간단하게 해결할 수 있습니다. 데이터를 '공적인 데이터'와 '사적인 데이터'로 구분하기만 하면 됩니다. 앞으로 이 책에서 '데이터'는 공적 활용에 아무런 문제가 발생하지 않는 자료라고 정의하고, 생성 시 어떤 이유나 의도에서든 프라이버시가 포함되는 자료는 '캡타Capta'라고 구분하겠습니다. 공개해도 되는 것은 '데이터', 공개하지 못하는 것은 '캡타'라고 기억하고, 가장 중요한 문제라는 것만 기억해두면 좋겠습니다.

데이터 자유주의 vs. 데이터 지역주의

두 번째로 고려할 점은 데이터 문제입니다. 현재 데이터는 미국을 중심으로 하는 데이터 자유주의와 중국과 EU를 중심으로 하는 데이터 지역주의가 팽팽히 맞서고 있습니다. 미국은 일찍이 IT 기술을 선점한 덕택에 플랫폼 시장을 장악함과 동시에 압도할 만한 데이터를 축적했습니다. 반면 후발주자인 중국은 데이터 골리앗 미국에 대항하기 위해서 지역성locality을 담고 있는 데이터를 지켜야 한다는 데이터 지역주의를 고수하고 있습니다. EU가 주장하는 데이터 지역주의는 중국과는 또 다릅니다. 데이터 지역주의를 주축으로 하되 구체적인 사용에 관해서는 연합함으로써 데이터 자유주의를 추구하는 방식입니다.[26]

중국과 EU 모두 데이터 저장 장치가 반드시 지역에 존재해야 한다는 점에서는 같지만, 중국은 중국인 대상 서비스가 반드시 중국에서만 관리되어야 한다는 원칙이고, EU는 그들이 제정한 데이터법[27]에 따라 데이터의 자주권[28]을 보장하는 범위 내에서 이동이 가능하다는 원칙을 세웠습니다. 즉 중국은 데이터 국가주의를, EU는 데이터 연대주의를 주장하는 셈입니다.

EU의 데이터 연대주의[29]도 실현되기가 쉽지는 않습니다. 이렇게 문제가 첨예한 이유는 데이터와 캡타를 분리하는 문제에 관한 고민이 없기 때문입니다. 또한 데이터 분리로 자유주의와 지역주의를 해소한다 하더라도 데이터 독점이라는 문제는 여전히 남아 있습니다. 이것 역시 다양성의 보존이나 배양이라는 관점에서 반드시 해결해야 합니다. 특정 세력이 독점하는 방대한 양의 데이터로 AI를 독점한다면, 전 세계에 미칠 악영향이 너무 클 것입니다.

변곡점을 통과할 때의 '인권'

세 번째로 고려해야 할 것은 인권 문제입니다. 인간은 누구나 자유로워야 합니다. 이것 또한 다양성 문제와 직결됩니다. 이것은 앞에서 이야기했던 변곡점을 통과할 때, 불평등이 있어서는 안 된다는 관점입니다. 가장 대표적인 사례가 생계 때문에 어쩔 수 없이 육체노동을 하는 사람에 대한 차별 없는 해방입니다.[30]

이 문제를 다룰 때는 몇 가지 전제가 있습니다. 첫째는 새로운 세상은 수확체증법칙에 따라 에너지를 충분히 생산해낼 수 있다는 것입니다. 극한의 다양성으로 무한한 정보가 생산된다면, 이것은 충분히 실현 가능한 전제입니다. 둘째는 첫 번째 전제하에 충분한 일자리가 탄생한다는 것입니다. 이 두 가지 가능성은 뒷장에서도 더 다뤄볼 것입니다.

앞으로의 세상은 사람이 기계처럼 단순 반복적인 일을 하며, 여유 없이 그림자처럼 사는 것을 문제라고 인식할 것입니다. 지금도 플랫폼 노동의 가속화로 인간으로서 누려야 할 기본적인 자유, 즉 스스로 세운 기준에 따라 사는 것을 빼앗긴 삶을 그대로 방치해서는 안 됩니다. 다시 말하자면 이는 에너지만 충분하다면 얼마든지 극복할 수 있는 문제입니다. 인권 문제 해결은 다양성 강화로 이어져 에너지 생산 속도를 높일 것입니다.

세상을 만드는 자와 만들어진 세상을 사는 자

지금까지 한 번도 경험하지 못한 새로운 세계가 만들어진다는 관점에서 가장 중요하게 지향해야 할 세 가지 문제를 짚어보았습니다. 이 세 가지를 한마디로 압축하면 '우리가 만드는 세상에서 우리는 무엇이 되어야 하는가'라는 질문과 같습니다. 희망하는 세상을 건설할 수 있다는 전제가 허황되지 않으려면 최소한의 에너지로 긍정적 가치들을 생산할 수 있는 전문적인 설계도를 준비해야 합니다. 이러한 설계가 거대한 장벽처럼 느껴질지 모르지만, 인간의 진화에서 축적된 멋진 방법론들이 존재한다는 것을 발견하면, 불안한 마음은 완전한 희망으로 바뀔 것입니다. 이러한 확신은 세상의 모든 것이 단지 걸어온 여정의 차이일 뿐이라는, 프랑스의 철학자 질 들뢰즈의 말에서도 잘 나타납니다.[31]

들뢰즈는 '누군가' 국가를 만든 것이지, 시간이 지나면서 저절로 만들어진 것이 아니라고 말합니다. 그뿐 아니라 도시가 있고 시골이 존재하지, 시골이 있어 도시가 존재하는 것은 아니라는 말도 합니다.[32] 들뢰즈의 관점에서 사람은 '세상을 만드는 자'와 '만들어진 세상을 사는 자'의 두 분류로 나뉩니다.

2장

THE MISSION
OF
GENERAL
ENGINEERING

세상을 만드는
신에너지의 획득

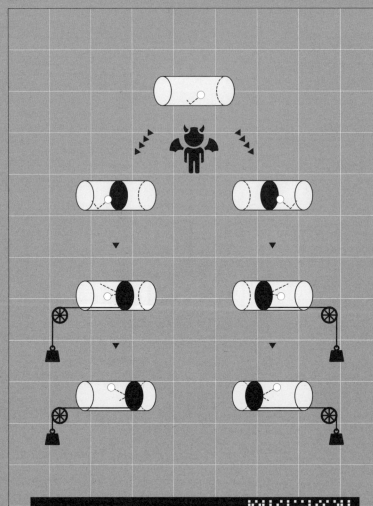

질라드 엔진 Szilard Engine
도깨비가 속이 보이지 않는 원통에 임의로 칸막이를 집어넣자 입자들이 열 균형 상태를 유지하기 위해 필요한 공간을 차지하려는 힘을 주어 자동으로 칸막이를 움직입니다. 즉 아는 것(분별하는 것) 자체만으로 에너지를 생성할 수 있다는 사실을 알려주는 멋진 사고실험입니다.

공간의 차이가
만들어내는 에너지

시간을 이야기하면 '빠름'이라는 단어가 자연스럽게 떠오릅니다. '빠름'은 한국인의 특성과도 연결됩니다. '빨리빨리' 문화를 우리나라의 주요 특징으로 삼는 데는 별 거부감이 없습니다. 다만 이 속도가 국가 발전에 어떤 영향을 줬는지는 별로 생각하지 않는 것 같습니다.

디아만디스는 그의 책 《컨버전스 2030》[1]에서 스티브 잡스가 직원들에게 이야기한 '빠름'에 대한 일화를 소개했습니다. 잡스는 매킨토시의 부팅 속도가 너무 느리다면서 매킨토시 사용자들이 500만 명이라고 가정할 때 부팅 시간을 10초만 줄이면, 1년에 수십 명의 생명만큼 시간을 아낄 수 있다고 강조했다고 합니다. 잡스뿐만 아니라 많은 사람이 빠른 부팅 속도의 가치를 알고 있습니다.

잉여의 시간, 혁신을 이끄는 힘

디아만디스의 책에 등장한 이야기를 조금 더 해보겠습니다. 2014년, 미시간대학교의 행동경제학 교수 얀 첸Yan Chen이 재미있는 실험을 했습니다. 온라인과 오프라인 조사 속도에 관한 실험이었습니다. 도서관에 학생들을 모아놓고 절반은 온라인 탐색으로 정보를 찾도록 했고 나머지 절반은 책에서만 정보를 찾도록 했습니다. 실험 결과 온라인 사용자는 답을 구하는 데 평균 7분이 걸렸고, 오프라인 사용자는 평균 22분이 걸렸습니다. 이 결과를 기준으로 하면 구글의 서치 엔진을 사용하는 35억 명의 시간을 모두 합쳤을 때 하루에 525억 분을 절약할 수 있다는 계산이 나옵니다.

디아만디스가 알려주는 흥미로운 이야기가 하나 더 있습니다. 통계에 따르면 1900년에는 집안일을 하는 데 일주일에 58시간이 필요했고 1975년에는 18시간이 필요했다고 합니다. 이 추세대로라면 사람이 직접 손으로 하는 집안일은 사라질지도 모른다는 것입니다. 디아만디스는 잉여의 시간을 '혁신을 이끄는 힘driver of innovation'이라고 표현했습니다. 왜 잉여의 시간이 '혁신을 이끄는 힘'일까요? 바로 이 속에 '무언가'를 만드는 데 필요한 에너지 생산 비법이 숨어 있기 때문입니다.

뇌는 익숙한 자극에 관심이 없다

육체노동은 대부분 한정된 공간에서 정해진 순서를 반복하는 일입니다. 즉 '새로운 것'과 만날 일이 거의 없습니다. 뇌과학이 밝혀낸 바에 따르면 우리의 뇌는 익숙한 자극에 더 이상 신경 쓰지 않는다고 합니다.[2] 그뿐 아니라 반복되는 익숙한 자극은 섣불리 판단하도록 합니다.[3] 여기에 적응하면 새로운 자극을 만나도 좀처럼 받아들이지 않게 됩니다. 마치 기계처럼 주어진 일만 하는 것입니다.

육체노동의 자유란 한정된 공간에서 벗어나 새로운 자극을 받아들여 내면에서 새로운 정보를 만들 기회를 확보하는 것입니다. 사람들에게 '여행'을 권하는 이유와 같은 맥락입니다. 여행은 낯섦과의 조우입니다. 낯섦은 두려움이자 새로움으로, 두려움이라는 다리를 건너면 바로 새로움과 맞닿습니다. 이것이 바로 '정보'이자 '에너지'입니다. 잉여의 시간을 어떻게 사용하는 것이 중요한지 말해주는 좋은 예입니다.

'새로움'은 정보이자 에너지

'빠름'의 다른 측면을 보겠습니다. 빠름에는 '선취의 보장'이라는 뜻이 숨어 있습니다. 수렵과 채집의 시대에는 남들보다 빨라야 신선한 식량을 확보할 수 있었습니다. 공간으로부터 자유로워지고 공간을 압축해 빠르게 움직일 수 있다면 남들보다 훨씬 더 많은 기회를 얻게 됩니다.

적어도 시간의 비가역성이 존재하는 세상에서 이는 변하지 않는 사실입니다. 새로운 가치와의 빠른 만남이 곧 남들과 차별화되는 최선의 길입니다. 그래서 사람들은 끊임없이 속도전을 펼칩니다. 지금 이 시각에도 '빠른 이동'을 위해 많은 에너지를 쏟아붓는 이유입니다.

실리콘밸리에서는 속도전이 가속화되는 증거들이 많이 나타나고 있습니다. 대륙 간의 이동을 비행기에서 로켓으로 대체하려고 하고[4], 나라 간의 이동을 기차에서 자기부상 캡슐로 대체하려 하고[5], 지방으로의 이동은 자동차에서 나는 자동차로 대체하려 하고, 시내에서의 이동은 일반 자동차에서 자율주행 자동차 또는 걷기 대신 전동 킥보드로 대체하려 합니다. 이동이 조금도 지체되지 않고 매끄럽게 연결되도록 이동 서비스 산업이 진화하고 있습니다.

아직도 아인슈타인이 정의해준 세상의 방식이 여전히 유효합니다. $E=mc^2$. 에너지는 질량과 같다고 알려주었지만, 질량을 키우는 방법은 뒤로하고 빛의 속도를 따라가려고만 흉내내고 있는 셈입니다.

시간의 차이가
만들어내는 에너지

또 다른 비법을 찾아보겠습니다. 아인슈타인의 기발한 시각 덕분에 우리가 사는 세상은 모든 것이 상대적이라는 것을 알게 되었습니다. 움직이는 모든 것에는 정지된 이미지가 존재할 수 없고 따라서 가치 역시 멈춰 있을 수 없습니다.

한편 그런 앎의 반대편에 정지된 것 속에 정지되지 않은 세계가 있다는 것도 알게 됩니다. 빛의 속도에서는 온 세상이 정지된 것을 볼 수 있습니다. 그 속에서도 연결은 존재합니다.

닫힌 세계와 열린 세계의 공존, 극미시세계

과학자들이 양자의 세계가 존재한다는 것을 밝혀내면서 거대한 극미시세계가 드러났습니다. 물질의 세계를 파헤치다 보니 세상의 모든 물질이 어떻게 이루어졌는지 알게 되었습니다. 이제는 거기에서 더 나아가 극미시세계의 작동 방식까지 파헤치고 있습니다. 물질을 재구성해 새로운 물질을 만들거나 그 물질의 퇴화를 정지시키거나 재생시키는 방법도 터득해가고 있습니다. 거대한 에너지를 투입한다면 그 세계의 빗장을 열 수 있을 것입니다.

우리가 대상으로 하는 극미시세계는 모두 닫힌 세계입니다. 이곳은 생존의 결과이자 과정으로써의 세계입니다. 그런 의미에서 이곳은 '경계'를 가진 열린 세계이기도 합니다. 경계라는 문을 열어 문밖의 세상을 끊임없이 받아들인 후 다시 문을 닫고 자신의 상태를 갱신하는 닫힘과 열림이 공존하는 세계입니다.[6] 가만히 생각해보면 경계를 가진 극미시세계에는 과거의 경험과 체험이 나름대로 축적되어 있습니다. 최소한의 에너지로 되돌릴 수 없는 시간에 대한 기억들을 간직할 수 있게 해줍니다. 이러한 이유로 극미시세계는 비가역적인 시간을 극복해낸 세계로 해석할 수 있습니다.

극미시세계에는 과거에 생존한 지혜와 미래의 생존을 위한 방편이 마련되어 있습니다. 현대 과학이 생명의 속을 파헤치는 이유는 바로 이런 것들 때문입니다. 우리는 나노 기술과 바이오 기술과 디지털 기술의 결합으로 극미시세계를 분석하며 치열하게 경쟁하고 있습니다.

세포들이 왜 노화하는지, 회생할 방법은 없는지 등에 대한 경쟁이 한 창입니다. 결과에 대해 충분히 보상하기 위해서도 더욱 정교하게 연구하는 것이 필요합니다.

2020년 기준 실리콘밸리의 바이오 기술은 50대 이하의 건강한 사람이 기술적으로 영생을 꿈꿔볼 수 있을 정도가 되었습니다.[7] 놀라운 일입니다. 화폐 가치로 환산하면 그 기술이 가지는 에너지의 크기는 가늠하기 어려울 것입니다. 그들은 축적된 에너지로 새로운 에너지를 생산하고 또 그다음 에너지를 생산하기 위한 '무언가'를 도모하고 있습니다. 꾸준히 세상을 만들어가고 있다는 확실한 증거입니다.

'탈물질세계'는 유리수의 무한세계

극미시세계에서의 에너지 확보 전쟁을 보고 있으면, 또 다른 극미시세계의 존재가 드러납니다. 명제로 정의할 수 없는 '좋다'의 세계입니다. '좋다'라는 것은 기준과 차이의 간격을 데카르트적 시각으로는 결코 정의할 수 없는 '유리수의 무한세계'입니다. 소수점 아래의 숫자들이 무한히 늘어나듯이 만족하지 못하는 부분은 끝없이 존재합니다. 이 '만족이 존재할 수 없는 영역'이 바로 탈물질세계의 영역입니다. 이 영역은 로봇이 쉽게 접근할 수 없는 곳입니다. 탈물질세계를 꿈꾸는 현대의 관점에서 친연 관계 로봇의 출현에 대한 인류의 돌파구를 발견할 수 있는 셈입니다.

욕망을 만족시키는 비즈니스가 서비스 내지는 업業이라면, 서비스를 향한 인간의 욕망에 한계는 없습니다. 만족을 위해 투입하던 사람의 에너지를 AI와 로봇에게 맡긴다면 서비스와 만족 간의 차이를 좁힐 수 있습니다. 이것은 틀림없이 극미시세계입니다. 인간의 일자리 문제는 AI와 로봇의 등장, 그리고 이 새로운 극미시세계의 출현으로 해결할 수 있습니다.

이 비즈니스에도 양면성은 존재합니다. 촘촘한 층위의 서비스를 만들어야 하는 기술 시장의 관점에서 또 다른 비즈니스가 탄생할 수 있으며, 그런 기술을 활용하면 무한한 욕망을 좇는 서비스 시장에서도 특별한 감성의 비즈니스를 만들 수 있기 때문입니다. 촘촘한 층위의 기술이나 특별한 감성을 보는 것 또한 새로운 정보이자 에너지원입니다.

인간이 빛의 속도로 달리는 상상에서 시작해 질량이 존재하지 않는 세계로 진입하면서 찾아낸 극미시세계는 인간이 시간을 극복한 결과물이자 에너지 생산의 보고인 셈입니다.

가늠할 수 없는
무한 에너지

앞에서 이야기한 두 가지 에너지 생산 비법으로 미루어 에너지는 질량을 가진 물질에서 얻는다는 편견에서 벗어날 수 있습니다. 이 편견으로부터의 탈출은 에너지에서 물질을 만들 수 있다는 놀라운 반전을 선물합니다. 시선의 방향이 $mc^2 \rightarrow E$에서 $E \rightarrow mc^2$로 전환되었다는 뜻입니다. 물질의 존재가 먼저가 아니라 에너지의 존재가 물질 이전에 있었다는 것입니다. 이 단순한 방향의 전환은 '그렇다면 에너지는 어디에서 오는 것인가'라는 질문을 던지게 합니다.

에너지에서 물질을 만드는 '사유의 탄생'

이제 이 질문에 대한 답으로, 두 가지 에너지 생산 비법이 등장합니다. 언제 어디서든 새로운 구분distinction이 있는 곳에 새로운 정보가 있다는 것입니다. 구분에는 구분 대상인 요소와 또 그들 간의 관계가 있습니다. 관계의 내용은 중요하지 않습니다.[8] 서로 관계가 많다는 것은 한 요소의 변동에 따라 다른 요소도 변동될 가능성이 크다는 의미입니다. 이것은 어떤 사건이 일어날 경우의 수가 크다는 뜻이며 우연하게 발견될 확률이 크다는 의미이기도 합니다. 결과적으로 담고 있는 정보량이 많다는 것과 같은 개념입니다.[9]

양자역학이 열어준 거대 계몽

과학은 이 모든 일반적인 사실에 비춰서 그 역도 사실임을 증명해주고 있습니다. 정보량은 확률과 비례하고, 확률은 가능성을 잠재하고 있으므로 확률이 높다는 것은 운동성이 크다는 것과 같은 의미입니다. 이것은 진동이 많다는 뜻으로 개념이 확장되고, 다시 '파동성이 강하다'는 개념으로 확장됩니다. 즉 넓은 범위의 다양한 것과 관계를 많이 맺을 수 있다는 뜻입니다. 이 말이 결과적으로 정보가 많은 것에 영향을 미친다는 의미라면, 에너지가 크면 다양한 것을 만들 수 있게 될 것입니다.

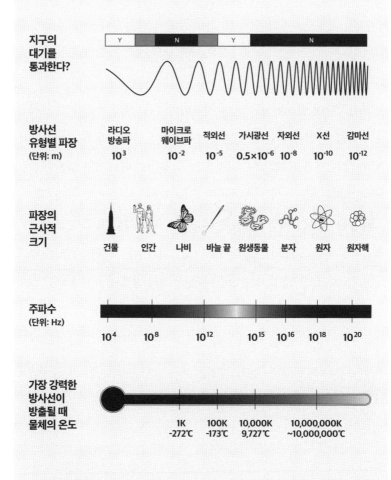

지구의 대기를 통과한다?						

방사선 유형별 파장 (단위: m)	라디오 방송파	마이크로 웨이브파	적외선	가시광선	자외선	X선	감마선
	10^3	10^{-2}	10^{-5}	$0.5×10^{-6}$	10^{-8}	10^{-10}	10^{-12}

파장의 근사적 크기							
	건물	인간	나비	바늘 끝	원생동물	분자	원자	원자핵

주파수
(단위: Hz)

10^4 10^8 10^{12} 10^{15} 10^{16} 10^{18} 10^{20}

가장 강력한
방사선이
방출될 때
물체의 온도

1K   100K   10,000K   10,000,000K
-272℃   -173℃   9,727℃   ~10,000,000℃

주파수, 파장, 에너지의 관계

주파수에 따른 사물의 특성이 어떤지 설명하는 그림입니다. 주파수는 불을 켰다 껐다 하는 것처럼 세상을 분별하는 힘과 등가성을 지닙니다. 주파수가 높은 사물은 새로운 에너지를 생성할 확률이 높습니다. 파동의 오르내림을 디지털 개념으로 대체해보면, 사람이 새로움을 접해 깨달음을 얻는 것과 유사합니다. 빈번한 깨달음이 있는 사람에게 에너지가 높다고 말하는 이유입니다.

출처: commons.wikimedia.org

이렇게 풀어본 이야기들은 사실 양자역학의 기본법칙인 $E=h\lambda$, $\lambda=h/p$가 설명하고 있습니다. 물론 복잡한 수학적 증명이나 정교한 실험이 아니어도 직관으로 에너지 현상에 관한 정확한 사실을 끌어낼 수 있습니다.

양자역학은 한정된 공간을 차지하며 다른 존재와 관계를 맺지 못하는 한계를 가진 인간들이 어떤 삶을 살아야 하는지를 설명해줍니다. '넓게 많은 것과 관계하라!' 이것은 곧 다양성의 확대이자 생존의 기본법칙입니다.

세상을 만드는 사람들에게는 에너지가 필요합니다. 그리고 그들은 에너지를 증폭하는 비법을 터득해가고 있습니다. 그들이 무엇을 하고 있는지 속속들이 알 필요는 없습니다. 우리의 방법대로 행동하는 것이 중요합니다. 그들을 똑같이 흉내 내는 것이 아니라 움직임의 형식을 읽고, 나만의 방식으로 바꿔 운용하면 됩니다. 문제는 그 간단한 방법에 확신이 없다는 것입니다. 형식을 깨닫고 나면, 필요한 것은 인내뿐입니다. 얼마나 쉽습니까? 에너지를 생산하는 일이.

3장

THE MISSION
OF
GENERAL
ENGINEERING

에너지가 추구하는 자유로운 세상

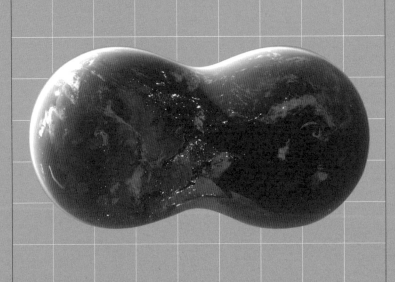

두 개의 지구

어스2 **Earth2**는 지구를 10미터x10미터 간격으로 쪼개 디지털 지구를 분양하는 가상부동산 플랫폼입니다. 물질세계가 메타화 과정을 거쳐 가상공간에 존재하게 될 것을 가장 잘 표현한 좋은 예입니다. 가상세계에는 물질세계 속의 것을 메타화한 것도 존재하지만, 물질세계에서 느낄 수 없었던 비물질세계 속의 것들도 메타화를 통해 존재할 수 있습니다. 실제로 어스2에 올라온 땅은 모두 다 분양되었으며, 지금은 프리미엄을 붙여 매매가 이루어지고 있습니다.

▲ 출처: earth2.io

질병으로부터의
자유

최근 철학자, 인류학자, 사회학자, 심리학자 등 인간 존재를 고민하는 분야의 대가들이 호모 사피엔스의 과거와 현재, 미래를 이야기하는 멋진 책들을 한꺼번에 쏟아내고 있습니다. 그 책들에서 공통으로 나타난 전망을 다음과 같이 정리해볼 수 있습니다.

인간은 자신밖에 몰랐던 미물에 가까웠지만, 시간이 흐르면서 자신을 가장 잘 보호할 방법이 협력임을 깨달았습니다. 이를 더욱 잘하기 위해 '사회적 기억'이라는 최선의 기준을 고안해 경험과 체험을 차곡차곡 축적했고 영원한 존속을 꿈꿀 수 있게 되었습니다.

데카르트가 말하는 명증적 직관 위에 필연적 영역들을 축적하고 적용한 결과가 아닌가 합니다. 여기에도 분명 그것을 주도적으로 하는 존재들이 있었다고 확신합니다. 데카르트는 기성의 권위를 답습하지 않고 스스로 사유하는 자들만이 자신의 글을 이해할 것이라며 《방법 서설》[1]을 펴냈습니다. 여기에서 세상을 만드는 사람들의 역할을 새삼 다시 확인하게 됩니다.

느닷없이 철학자들을 소환하는 이유는 21세기판 봉이 김선달처럼 지구를 10미터의 정방형으로 쪼개 '어스2'라는 거대한 가상부동산 플랫폼을 설립하는 이 시대에 우리라는 존재와 앞으로의 향방을 생각하기 위함입니다. 급격하게 변해가는 세상이지만 여전히 과거의 가치에 매몰된 우리를 보면서, 우린 결코 근대인 적이 없었다고 말한 브뤼노 라투르Bruno Latour의 회의를 듣기 때문입니다.[2] 세상은 이미 변했습니다.

21세기 과학기술의 대항해시대

유발 하라리는 《호모 데우스》에서 전례 없는 수준의 번영, 건강, 평화를 얻은 인류의 다음 목표는 불멸, 행복, 신성이 될 것이며 굶주림, 질병, 폭력으로 인한 사망률을 줄인 다음에 할 일은 노화와 죽음 그 자체를 극복하는 것이라고 말했습니다.[3]

오랜 진화 끝에 인류가 드디어 기근과 질병, 전쟁을 통제할 수 있는 단계에 이르렀다고 평가한 것입니다. 데카르트적인 시각으로 보면, 개인의 지각이 깨어나면서 협력이 모두를 위한 이익임을 이해하게 되었으므로[4] 지속 가능성에 관해 확신해도 좋을 것이라는 의미입니다. 실리콘밸리의 막강한 자본력은 하라리가 예상하는 불멸과 행복의 완성, 신성을 추구하고 있습니다.

그럼 다시 디아만디스가 이야기하는 불멸에 관한 도전들을 소개하겠습니다.[5] 먼저, 2028년 즈음 사람의 장기는 계속 교환이 가능해 더 이상 이 문제로 죽음에 이르는 일은 일어나지 않을 것입니다.[6] 두 번째, 헬스케어 기술의 발달과 더불어 유전자 분석, 실시간 건강 체크, AI를 활용한 정신건강 확인 등 광범위한 개인 맞춤형 질병 예방과 사전 조치로 질병 치료sick-care의 시대가 막을 내릴 것이라고 전망합니다. 세 번째, 의사들의 의료사고를 최소화할 수 있는 '수술 집도 로봇', 암과 같은 병증 세포에 직접 약을 전달하는 '마이크로봇', 표적 암 치료 기법 등이 활발히 개발될 것입니다. 네 번째, AI 기술로 신약 개발 속도가 빨라질 것입니다. 다섯 번째, 회춘약anti-aging pharmacy이 개발될 것입니다. 현재, 세포 노화나 이상 변형 등을 방지하는 치료제로 라파마이신과 메타포민 등이 실험되고 있으며 미국 바이오텍 회사 바이오스플라이스Biosplice(구 사뮴드)[7]에서 개발한 줄기세포 기반의 관절염 치료제는 임상시험 과정에서 시험 대상자 전원에게서 새로운 연골이 자라는 것을 확인했다고 합니다. 여섯 번째, 피에서 회춘 작용을 하는 성분을 찾아 생리학계의 골드러시가 시작되었다고 판단했습니다.

디아만디스는 이러한 새로운 시도들의 긍정적인 결과들을 확인하면서 장수라는 것은 이게 가정의 대상이 아니라 '언제쯤 가능할까'라는 질문의 대상이 되었다고 진단합니다.

다가오는 생의 임계점

커즈와일과 장수 전문가 오브리 드 그레이**Aubrey de Grey**가 말하는 영생**8**, 즉 1년을 살고 나면 수명이 1년 더 길어지는 생의 임계점이 앞으로 12년에서 20년 사이에 도래할 수 있을 가능성이 더 커졌습니다 (2021년 기준). 새로운 창조를 꿈꾸면서 그것을 실현할 에너지를 비축한 사람들은 하라리의 예상처럼 당연히 불멸, 행복, 신성에 도전하고 싶어 할 것입니다. 공공의 에너지를 활용할 수 있는 정치인들에게 전 국민의 건강을 책임지는 국가를 만들고 싶은 욕망이 샘솟지 않는지 물어보고 싶어집니다.

소통의
자유

에너지가 해결해야 하는 첫 번째 문제가 생존이라면, 그다음 문제는 함께 어울려 사는 타자와의 소통입니다. 소통이 중요한 이유는 지속 가능성 때문입니다. 소통하지 못하는 단절은 절멸extinction이기 때문입니다. 절멸이란 특정 종이 더 이상 발견되지 않는다는 멸종을 의미하지만, 여기에서는 자신과 바깥 세계의 연결이 끊겨 곧 존재하지 않는 것과 같다는 의미입니다. 코로나19의 준동으로 온라인 공간에서 미팅이 많아지면서 오프라인 공간에서의 침묵은 표현의 수단이지만, 온라인 공간에서의 침묵은 '존재하지 않음, 곧 사라짐'이라는 사실을 발견했습니다.

침묵이 침묵으로 느껴지지 않는 공간

왜 온라인 공간에서는 침묵이 소통 수단이 아니라 사라짐이 될까요? 답은 간단합니다. 우리의 감각기관에 유입되는 느낌이 오프라인에서 와는 다르기 때문입니다. 따라서 지각의 경험이 발생하지 않고, 인지 되는 것도 달라집니다. 엄밀히 말하자면 사라짐이 아니라 온라인의 침 묵이 정확히 어떤 상태인지 인지하지 못하는 것입니다.

물론 온라인 미팅이 반복되면서 온라인 속의 침묵 또한 '또 다른' 표현이라는 것을 배웠습니다. 2009년에 초연한 중국의 작곡가 탄둔譚 盾의 〈인터넷 심포니 에로이카〉는 전 세계 연주자들의 연주를 온라인 에서 편곡한 작품입니다.[9] 베토벤이 쓴 〈영웅〉이 인터넷에서 부활될 수 있는지를 판단해볼 만한 좋은 시도였습니다.

베를린 필하모닉의 공연과 유튜브 영상과 탄둔의 인터넷 협연에는 무슨 차이가 있을까요? 이 세 가지의 차이를 구분해내고자 하는 노력에 서 인간의 소망이 발견됩니다. 또한 그것이 곧 새로운 가치이며 에너지 입니다.

표현 생산 알고리즘과 소통

소통이 중요한 것은 이 행위에서 의미를 축적하고 지속 가능성에 유리 한 표현의 방법론, 즉 표현 생산 알고리즘을 확장할 수 있기 때문입니다. 마치 AI가 통痛과 쾌快라는 손실함수를 기반으로 지속해서 성장하는 기계학습 과정과 유사합니다.

'유사하다'라는 단정적인 표현을 사용한 이유는 말 그대로 다를 게 없기 때문입니다. 이것은 사회적 체계들이 아무것도 존재하지 않는 기초 위에서 구축되었다는 일반체계이론[10]과 맥을 같이합니다. 무無란 아무것도 없는 게 아니라 이미 유有가 '무'라는 테두리 바깥에 전제된 것이라는 '스펜스-브라운의 선언'[11]이 유효한 이유입니다. 전제된 '있음'이 있기에, '없음'에는 '있음'이 쌓일 수 있다는 뜻입니다. 결국 무 또한 가능성의 에너지이므로, 그 에너지가 새로운 생성을 시작하도록 하는 '작용'만이 필요합니다.

작용이 있으면, 스스로를 보호하며 성장하는 체계들이 생성되는 열쇠가 '소통'이라는 것을 알게 됩니다. 여기서는 새로운 세상을 만들고 싶어 하는 사람들의 관점에서 소통이 어떤 역할을 하는지 이해하는 것만으로도 충분합니다. 그들에게 소통은 힘들이지 않고 의도한 세상을 만들어가는 방법론이기 때문입니다. '소통'이 있는 곳에 새로운 경험과 행위가 쌓이면 복잡한 관계를 안정적으로 바꾸는 구분이 생성됩니다.[12]

딥러닝의 본질, 자율화 기술

소통에 소통이 꼬리를 물고 이어질 때는 과거와 현재와 미래의 사이라는 시간과, 이곳과 저곳의 사이라는 공간과, 사람과 사람 사이라는 인간의 장벽이 존재합니다. 장벽은 지속적인 소통과 성장, 새로운 에너지의 생성을 방해하는 요인이므로 극복의 대상입니다.

인류의 시간을 극복하는 열쇠는 '기억'입니다. 그리고 이를 활용하는 방식에 따라 효율성과 효과성의 차이가 생겨납니다. 디지털 기술의 눈부신 발전은 기억의 차원을 넘어 2차, 3차 관찰 과정을 거치며 그 속에 숨은 맥락을 짚어냅니다. 그 맥락은 비가역적인 시간을 극복하는 좋은 토대입니다.

딥러닝 기반의 AI 기술은 자동화를 넘어선 자율화의 단계입니다. 기술의 발전 단계는 다음과 같습니다. 주어진 조건에서 에너지를 최소화하게 해주는 도구화, 주어진 조건에서 정해진 동작을 수행하는 기계화, 범위가 있는 임의의 조건에서 정해진 적응 동작을 수행하는 자동화, 개방적인 환경에서 조건을 분별해 최적의 동작을 찾아서 수행하는 자율화입니다. 이를 살펴보면, 자율 기술이 시간의 극복에 얼마나 많은 영향을 끼칠지 짐작할 수 있습니다.

언어생성 AI는 인간의 글쓰기나 대화 능력을 따라 하며, 인간 모사 AI는 사람의 말투나 억양 등 복잡한 언어 습관을 흉내 낼 수 있습니다. 이렇게 말이라는 관점에서 보면, 사랑하는 가족과 시간을 영원히 함께[13] 보낼 수 있는 날이 머지않았다고 판단해도 큰 무리가 없습니다.

인간의 몸을 분해하는 통신과 네트워크

동일 공간의 중요성은 인간 사이에 존재하는 물리적 장벽에서 찾을 수 있습니다. 그 장벽은 사람의 감각들이 실시간으로 교감하고 공감하는 것을 어렵게 하기 때문입니다. 사람이 동 시간대에 같은 공간에 존재할 수 없으면 경험을 공유하기가 어려워집니다. 현대에 이르러 인간의 몸을 기능적으로 분해하는 개념을 발견하게 된 것은 통신과 네트워크 기술 덕분입니다. 몸의 감각기관을 이러한 기술의 도움으로 원격조종할 수 있다면, 공간이 주는 장벽은 얼마든지 해소할 수 있을 것입니다. 인류의 기술은 빛의 속도의 3분의 2까지 쫓아갔습니다.**14** 이로써 사람을 동에 번쩍 서에 번쩍 하게 하는 것은 시간문제일 뿐입니다.

2011년에 개봉된 영화 〈리얼 스틸〉**15**에는 주인의 복싱 동작을 따라하거나 음성인식으로 움직이는 복싱 로봇이 등장합니다. 그리고 7년 후인 2018년, 전일본공수**All Nippon Airways, ANA**가 X프라이즈재단과 함께 1,000만 달러의 상금을 걸고, 2022년 우승자를 가리는 로봇 아바타 대회를 진행하고 있습니다. 항공사가 왜 이런 도전을 하는 것일까요? ANA가 항공의 본질을 공간을 극복하는 데서 찾았기 때문입니다. 로봇 아바타가 원격에 있는 나를 대신해 운동(표현)할 수 있다면, 굳이 사람 몸을 비행기에 태워 이동할 필요가 없다는 발상이 시작점이었습니다. 이런 로봇 아바타를 현실과 연결된 디지털 공간상에 존재하게 한다면, 사람은 한결 수월하게 공간의 한계를 극복할 것입니다. 메타버스의 탄생은 그 충분한 이유가 될 수 있습니다.

메타버스의 분신들, 로봇 아바타

사람이 시공간을 극복해 소통하려면 결국 서로 이야기를 주고받는 과정이 필요합니다. 이를 위해서는 원격 시공간에서 감각과 운동이 작동할 수 있도록 하는 것이 중요합니다. 인간의 감각, 즉 보는 것, 듣는 것, 맛보는 것, 냄새 맡는 것, 균형을 감지하는 것, 압력을 느끼는 것, 질감을 느끼는 것, 속도를 느끼는 것, 따뜻함을 느끼는 것, 아픔을 느끼는 것, 무게를 느끼는 것, 포만감이나 충만감을 느끼는 것, 배고픔과 목마름을 느끼는 것, 질식감을 느끼는 것, 시간을 느끼는 것, 익숙함과 낯섦을 느끼는 것 등을 디지털화해야 합니다.

그뿐 아니라 감각의 표현도 디지털화의 대상입니다.[16] 딥러닝을 기반으로 하는 AI 기술은 '정서 컴퓨팅affective computing'이라는 기술의 도전을 촉진했습니다. 인간만의 행위라고 생각한 구분과 지시indication를 AI가 스스로 터득할 수 있다는 확신이 생겼습니다. 구분과 지시는 인간에 내재한 알고리즘[17]이기에, 딥러닝 기술은 인간의 정서를 읽어내는 데 도전하게 된 것입니다.

시공간과 인간의 장벽을 극복하는 것은 AI를 포함한 다양한 디지털 기술이 공동으로 추구하는 지향점입니다. 감각과 운동의 디지털화, 그속의 맥락과 정서의 구분이라는 디지털화 기술은 인간과 인간, 인간과 사물, 사물과 사물, 인간과 동물, 동물과 동물 등 모든 개체 간의 장벽을 해결할 것입니다.

자본으로부터의
자유

누구나 '무언가'를 만들어보고 싶은 욕망이 있을 것입니다. 우리는 창조하거나 타자를 자신의 의도대로 움직이게 하는 데에는 에너지가 필요하다는 사실을 잘 알고 있습니다. 다만 에너지를 모아두지 않았거나 에너지를 모으는 방법에 익숙하지 않은 사람들은 에너지를 대신할 돈이 필요합니다. 돈 또한 에너지만큼이나 비축이 어려우므로 시작하는 비용이 저렴할수록 사람들은 새로운 시도를 활발하게 할 수 있을 것입니다. 적은 비용으로 큰 결과를 도출하는 것을 '생산성이 높다'라고 표현합니다. 지금까지 생산성이라는 개념은 많은 영역에서 노동자의 능력에 기반한 결과를 판단하는 '노동생산성' 정도에 머물렀습니다. 그러나 인류 문명사를 되돌아보면 도구나 기구, 기계의 발명으로 인해 전체 생산성에 획기적인 개선이 이루어졌습니다.

인류 문명은 엔진 재탄생의 역사

일할 수 있는 에너지를 만드는 것, 또는 기존의 에너지를 일에 적합한 기계 에너지로 전환해주는 것을 엔진Engine이라고 부릅니다. 엔진이란 단어가 '창의성'을 뜻하는 라틴어 'ingenium'에서 유래되었다[18]는 것에서, 앞서 이야기했던 '정보가 곧 에너지'라는 것이 다시 한번 확인됩니다. 인류 역사상 최초로 화성에서 비행한 드론의 이름으로 창의력을 뜻하는 '인저뉴어티ingenuity'[19]를 쓴 것은 우연이 아닐 것입니다.

생명체들은 오래전부터 에너지를 자신의 생존에 필요한 기계적인 에너지로 전환하는 엔진을 가지고 있었습니다. 수렵과 채집의 시대에는 오로지 자신의 육체를 엔진으로 사용했고, 농경시대에는 가축들의 엔진을, 산업혁명 이후에는 증기기관, 내연기관, 발전기 등 기계 엔진이 등장했으며, 현재는 전기를 활용한 수송 및 저장, 분배 기술 덕분에 발전기를 원격에 두고도 더 많은 사람이 값싸게 에너지를 활용하고 있습니다.

선사시대부터 지금에 이르기까지 모든 엔진은 무언가를 태우거나 관성 에너지를 기계 에너지로 전환하는 방식에 의존했으나, 인류는 생명체에 숨겨진 엔진의 작동 방식을 읽어내 근사하게 재창조해냈습니다. 그것은 바로 앞서 이야기했던 '구분'입니다.

다시 한번 부연해보자면, 구분은 '차이'이기 때문에 '위치 에너지'와 같은 물리적 에너지입니다. 최초의 관찰이나 사유에서 1차 구분이 생기고, 또 그런 구분의 결과에 따라 2차, 3차, 4차 관찰 등 차이에 차이를 더하며 '잠재력'이 생산됩니다. 그것이 바로 네거티브 엔트로피입니다.

인류는 이런 기본 원리에서 디지털 기술을 활용해 끊임없이 네거티브 엔트로피를 무한히 생산할 방법을 터득했습니다. 이것이 바로 '디지털 엔진'의 탄생입니다. 디지털 엔진은 물리세계의 물질이나 물리적 작용을 직접 활용하지 않고도 에너지를 생산해낼 수 있습니다. 1차 관찰은 디지털 센서들이 하고, 그 과정에서 에너지인 정보를 추출하고 지식을 정제하고 지혜를 응축하는 일은 AI가 대신 맡게 될 것입니다.

이후 인류는 '무언가를 만들기 위한 일' 또한 새로운 방식을 터득했습니다. 로봇이라는 디지털 시대의 '정보 모터'가 내장된 도구를 발명한 것입니다. 그 '정보 모터'는 스스로 네거티브 엔트로피를 생산하며 주변의 것들을 활용하는 방법을 터득할 수 있습니다. 물론 정보 모터가 활동할 수 있는 영역은 당연히 인류의 약속[20]에 의한 범위로 한정되어야 합니다.

디지털 엔진을 보편화하는 새로운 SOC

또 한 가지, 우리가 주목해야 할 것은 어느 시대에나 그런 문명의 혜택은 축적된 자본에만 존재했다는 것입니다. 과거에는 그 혜택이 지대의 주인이었던 지주들에게 돌아갔고, 현대에는 기업 또는 공공기관에 의해 관리되었습니다. 그것을 탈피할 수 있게 해주었던 것이 SOC의 탄생이었습니다.

SOC의 역할은 일반 시민들이 비용 부담 없이 보편적인 활동을 하며 독립적인 경제활동을 확대하는 여건을 마련하는 것입니다. 모든 사람에게 필요한 공통적이고 보편적인 에너지를 저렴하게 공급함으로써 각자의 에너지 소비를 최소화해주는 것입니다.

디지털 엔진이 탄생해 활동하는 시대를 '디지털 혁명 시대'라고 불러도 이상하지 않습니다. 이제 시대에 걸맞은 SOC를 구축해야 합니다. 이것이 바로 자본으로부터의 자유입니다.

디지털 엔진을 중심으로 하는 SOC에도 다양한 층위가 필요하므로 이것에 대한 이야기는 심도 있게 접근해야 합니다. 대신 새로운 SOC를 구축할 때는 기존 SOC가 미처 준비하지 못한 순환체계 **Closed- Loop System** [21]를 반드시 고려해야 합니다. 예를 들어 물의 SOC는 공급체계(상수도)뿐만 아니라 회수체계(하수도)를 완비하고 있으나, 나머지 SOC들은 사용 후의 회수 시스템이나 잉여자원의 재사용체계 등을 고려하지 않아 여전히 막대한 에너지가 낭비되고 있습니다.

실패로부터의
자유

실패란 뜻하는 바를 이루시 못하고 귀중한 것이 파괴되었다는 의미입니다. 이는 에너지를 잃는 것으로도 해석할 수 있습니다. 따라서 실패하면 다시 일어서는 데 많은 힘이 필요합니다. 에너지를 잃었기 때문에 일어서는 데 에너지가 적게 들도록 해야 한다는 것은 앞에서도 이야기했습니다.

문제는 무언가를 이루려고 동원되었던 것들에 대한 낭비입니다. 낭비란 불필요한 것들의 소모입니다. 마치 음식을 먹고 남기는 음식물 쓰레기와 같습니다. 소비로 환경에 1차 영향을 주고 쓰레기를 남김으로써 2차 영향을 주게 됩니다. 대신 사람들은 이 실패를 통해 자신의 에너지를 축적합니다. 환경에는 나쁜 영향을 주고 자신은 에너지를 얻는 방법이 결국 지금의 기후위기를 불러왔다고 해도 과언이 아닙니다.

실패를 긍정적 과정으로 전환하기

이제 실패라는 부정적 의미와 환경에 대한 부정적 영향이라는 두 가지 요소들을 제거해 실패를 앎에 이르는 긍정적인 과정으로 전환하는 것이 필요합니다.

먼저, 실패의 경험은 부정적 의미의 축적, 즉 비슷한 상황을 의도적으로 회피하려는 것뿐 아니라 감정적으로 비슷한 상황에 대한 공포, 두려움 같은 부정적인 감정을 학습시키는 결과를 초래해 새로운 도전에 저항하게 합니다. 이는 세계를 확장하려는 시도를 가로막고, 기존의 것을 계속 답습하면서 경로 의존적 사고나 행동을 유발합니다. 이런 부정적 효과는 소모한 시간을 되돌릴 수 없는 데서 비롯된 가상의 경쟁자와의 '차이'에 대한 심적 부담감으로 이어지고, 다양한 부정적인 감정선들로 파급될 가능성이 큽니다.

다음으로 실패가 두려운 이유를 재시도에 필요한 에너지나 자원 조달에 대한 부담에서 찾을 수 있습니다. 새로운 시도는 간단한 실험 하나만 상상해봐도 지난하다는 것을 누구나 알 수 있습니다. 목표하는 바를 확인하기 위해 거쳐야 할 실험의 단계와 의미 있는 결과를 입증하기 위해 생산해야 할 어마어마한 양의 데이터, 그리고 이를 구하기 위해 인내해야 하는 시간을 생각하면 한 번의 실패는 무거운 짐으로 다가오기 마련입니다. 실험에 필요한 재료가 쉽게 구할 수 있는 것이라면 그나마 위로가 되겠지만, 쉽게 구할 수 없거나 복잡한 절차와 늦장 처리를 참아내야 한다면 역시나 마음이 복잡할 수밖에 없습니다.

물질의 모든 것을 '메타정보화'하다

실패와 관련해 미국의 인상적인 접근 방법을 참고해봅시다. 2011년 6월 24일, 미국의 오바마 전 대통령은 카네기멜론대학교에서 진행한 연설에서 '소재 게놈 이니셔티브Materials Genome Initiatives, MGI'라는 전략 계획[22]을 발표했습니다. 오바마 전 대통령은 이 계획의 의도를 다음과 같이 밝혔습니다.

"산업계가 두 배 이상 빠르게 신물질을 발견하고, 발전시키고, 배분하도록 소재 지노미네이션(게놈 이니셔티브)을 시작합니다."

미국은 이 목표를 실현하기 위해 인간 게놈 지도처럼 세상의 모든 물질의 게놈 지도를 만들고 AI에게 학습시켜 최소한의 투자만으로 신물질 연구가 가능하도록 소재 연구 플랫폼을 구축했습니다. 이 플랫폼은 연구자들이 실험을 위해 들여야 할 에너지를 최소화하고 연구 결과를 공유함으로써 불필요한 중복 연구를 방지합니다.

이 플랫폼의 핵심은 '메타화'입니다. 모든 물질을 메타정보로 전환하고, 신소재 합성 실험을 컴퓨터상에서 가능하게 함으로써 실험 실패에 대한 부담을 획기적으로 낮춰주었습니다. 코로나19 팬데믹을 이겨

낼 수 있다는 희망을 안겨준 mRNA 백신 개발에도 이런 메타화를 통한 시뮬레이션이 혁혁한 공을 세웠습니다. 10년 이상 소요되는 백신 개발 속도가 수개월로 단축된 것은 시사하는 바가 매우 큽니다.

질병, 소통, 자본, 실패 등으로부터의 자유는 '새로움'에 도전하는 인류의 공통적인 걸림돌을 제거하는 것입니다. 새로운 가치를 추구하는 데 따르는 부담을 줄일 수 있다면 분명 다양성의 확대에 긍정적인 영향을 미칠 것입니다. 또한, 질병이나 사고로 인한 단절이나 새로운 노력에 드는 비용과 소통의 어려움 때문에 발생하는 시행착오, 시간 지연이나 자본 부족으로 인한 기회 상실, 그에 따른 심적·물적 비용 등을 생각하면, 이러한 자유는 틀림없이 지구촌 전체의 불필요한 에너지 소비 절감에 긍정적인 요소로 작용할 것입니다.

그러나 이것 또한 공짜로 획득되는 것이 아니므로 자유를 유지하는데 소요되는 비용을 최소화하기 위해서는 또 다른 차원이 마련되어야 합니다. 이제부터는 그것을 위한 접근을 하나씩 풀어가도록 하겠습니다.

THE MISSION
OF
GENERAL
ENGINEERING

4장

THE MISSION
OF
GENERAL
ENGINEERING

새롭게 만들어질
세상 미리보기

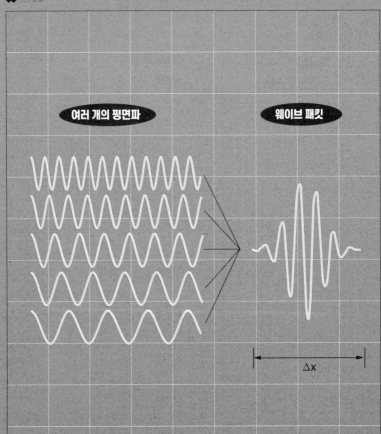

여러 개의 평면파

웨이브 패킷

Δx

웨이브 패킷의 국지성

서로 다른 파장들을 합치면 국지적으로 존재하는 파장인 웨이브 패킷wave Packet을 만들 수 있음을 보여줍니다. 입자에 존재하는 파동성(멀리 떨어진 입자와의 소통을 가능하게 하는 성질)이 물질화되면 왜 파동성이 사라지는가를 설명해 주는 물리학 이론입니다. 이로써 각자의 고유 주파수를 가진 수많은 세포가 모여 유기체를 만들면, 서로 소통이 불가능한 현상이 설명됩니다. 유기체가 본래의 세포가 가지는 고유 주파수를 통제할 수 있다면, 유기체 간에 접촉 없이 소통하는 환경도 상상해볼 수 있습니다.

출처: cnx.org

새로운 세상으로 이끄는 힘

토마스 쿤**Thomas Kuhn**이 쓴 《과학혁명의 구조》**1**의 핵심 메시지는 과학의 혁명은 패러다임 전환을 가능하게 하는 새로운 시각이라는 것입니다. 우리가 기존에 갖고 있는 세계관이 세계를 향한 관찰을 정의한다는 사실에 대한 통찰입니다. 패러다임은 풀어보면 'para-digm'으로 '다르게 드러낸다'는 뜻입니다.

우리는 쿤에게서 '다르게 드러내는' 두 가지 방법을 배울 수 있습니다. 하나는 다른 시각으로 관찰하는 것, 나머지 하나는 다른 시각으로 데이터를 바라보는 것입니다. 그렇게 '다르게 드러낸' 세계 앞에서 인류는 스스로 시각을 새롭게 하고 타인과 함께 만들어가는 사회를 인식하게 되었습니다. 그러나 쿤의 촌철살인적 메시지에서 그 또한 결코 쉽게 이루어진 것이 아니라는 사실을 확인할 수 있습니다.

동시에 여러 곳에 존재하는 양자역학 이야기

새로운 사상이 세상을 지배하려면, 한 세대를 떠나보내야 한다는 말이 있습니다. 코페르니쿠스에게서 지구가 도는 우주를 선물 받았음에도 불구하고 사람들은 여전히 지구가 아닌 태양이 뜨고 지는 것으로 생각하며 살아간다는 말도 비슷합니다.

이 말은 새로운 사상이 세상을 지배하기 위해서는 기존의 시각을 고수하려는 완강한 구세력들의 퇴장이 필요하다는 것을 말해줍니다. 그러나 그러한 시간에서도 과거의 시각에 매몰되지 않은 새 사람[2]들은 새로운 이론을 받아들이며 미래를 준비함으로써 이 세상을 바꿔왔습니다.

위대한 과학적 발견들에 힘입어, 인류는 점점 세계의 본질에 다가서고 있습니다.[3] 일반상대성이론을 발표하며 뉴튼적 세계관에 일대 수정을 가한 아인슈타인이 자신에게 영향을 받은 하이젠베르크의 불확정성 원리에 입각한 양자역학적 가설을 완강하게 거부한 채 생을 마감했다는 사실은 잘 알려져 있습니다.[4] 마찬가지로 하이젠베르크가 노벨상을 수상한 지 90년이 지난 지금도 우리는 양자역학적 세계관의 형성에 어려움을 겪고 있습니다.

그러나 이러한 현상을 이해하는 수많은 과학자, 공학자, 기술자는 세계의 본질에 다가가려는 노력을 끊임없이 기울이고 있습니다. 그렇게 밝혀낸 본질들을 바탕으로 인류를 위한 개선과 도전이 끊임없이 이어지고 있는 것입니다. 이제 그 결과로 우리는 곧 눈앞에 양자역학의 세계를 맞이하게 될 것입니다.

양자역학은 우리에게 '동시에 여러 곳에 존재할 수 있다'라는 가능성을 주었습니다. 존재할 수 있는 대상이 아직은 입자들이지만, 이것을 시작으로 인류는 다양한 도전이 가능한 길에 들어섰습니다. 이 글을 읽는 순간 물리학에 관심이 많은 사람이라면 즉시 '물질세계에서는 양자얽힘이 불가능하지만, 물질을 양자화하면 양자얽힘을 가능하게 할 수 있지 않을까?'를 머릿속에 떠올렸을 것입니다.

실제로 공학자와 기술자들은 과감하게 이 명제를 실험했습니다. 그것을 한 단어로 정리해보면 '디지털'입니다. 디지털의 핵심은 쿤이 말하는 '한 시각의 입장에서의 관찰'입니다. 즉 특정 시각에서 대상을 메타화하는 것입니다. 그것도 입자인 전자의 상태로 메타화한 것이니 하이젠베르크가 말한 세상에 한 발짝 다가선 셈입니다. 이런 관점에서 보면, 디지털 기술의 발전은 물질의 탈물질화를 통한 하이젠베르크 세계관에의 도전이라고도 부를 수 있습니다.

물질세계를 메타화하는 '피지털'

3장의 '소통의 자유' 편에서 언급한 바와 같이 디지털 기술은 분명 하이젠베르크의 세계로 달려가고 있습니다. 시공간의 제약을 극복하고 인간의 제약을 극복하기 위한 길입니다. 중국-오스트리아의 양자얽힘 실증실험[5]은 정보의 '전달 없는 전달'이라는 양자인터넷 기술과 실감 나는 메타화된 양자컴퓨팅 기술에의 도전으로 인류를 머지않은 시간 내에 유체이탈까지 경험하게 해줄 것입니다. 엄격하게는 빛의 속도의 3분의 2 수준으로 이동하겠지만 말입니다.

인류에게 탈물질세계는 개념의 세계이자 이미지의 세계입니다. 머릿속에 존재하는 상상의 세계와 같은 것입니다. 이곳에서는 상상력의 한계만 벗어나면 무한의 자유가 가능하지만 단 하나, 상상에 대한 표현의 한계가 제약이 됩니다. 이 때문에 탈물질세계 초기에는 물질세계에서 경험했던 것처럼 이미 만들어진 것에 한해서만 경험할 수 있을 것입니다. 어스2가 대표적인 예입니다.[6]

이처럼 물리세계를 메타화한 형태의 가상세계를 피지컬Physical과 디지털Digital의 합성인 피지털Phygital[7]로 부르기도 합니다. 양자컴퓨팅의 기술이 고도화되고 이에 기반한 분산컴퓨팅 기술이 정교해지면 누구나 상상했던 것을 직접 표현할 만큼 자유도가 높은 탈물질세계로 발전하게 될 것입니다.[8]

에너지는 새로운 세계를 만들기를 원하고, 그 속에서 인간들은 새로운 세상을 열어갈 것입니다. 탈물질세계에서 물질세계의 제약을 뛰어넘는 활동들이 가능해지고, 탈물질세계에서 목표를 세우면 곧바로 물질세계에서도 실현할 수 있을 것입니다. 자연이나 물질세계는 이제 삶의 터전이 아니라 부수적으로 딸려오는 전혀 다른 세계에 포함될지도 모릅니다. 탈물질세계에서 삶의 질을 높이기 위해 환경을 조성하는 일도 활발하게 일어날 것입니다.

탈물질세계에서도 얼마든지 시장을 형성할 수 있습니다. 인간들은 하루를 여러 개의 간격으로 쪼개 여러 곳의 탈물질세계에서 살 수도 있을 것입니다.[9]

메타버스 네이티브가 몰려온다

지금 회자되고 있는 메타버스[10]는 그러한 세계관을 반영하는 패러다임이며 제페토ZEPETO나 로블록스Roblox 등은 이를 맛보는 일종의 게임과도 같습니다. 그럼에도 제페토[11]는 가입자 수가 2억 명을 돌파했고, 로블록스[12]역시 하루 접속자만 4,000만 명에 이르렀습니다. 다만 특이하게도 제페토 가입자의 80퍼센트는 10대이며, 로블록스의 미국인 가입자 가운데 16세 미만 청소년 비율은 55퍼센트나 됩니다.

쿤이 말했던 메시지가 자연스럽게 떠오릅니다. 이는 스피노자의 정서의 예속에서 탈출한 신인류의 탄생을 말하는 것이 아닐까요. 태어나면서부터 디지털 세계와 메타버스 세계를 접한 세대는 이제 현실로 다가온 가상세계 앞에서도 기존의 시각을 고집하는 구세대와 마주하게 될 것입니다.

이제는 현실을 직시해야 합니다. 메타버스에는 아바타에게 입힐 옷이나 액세서리를 제작해서 파는 사람들도 생겼고, 그 시장은 점점 커지고 있습니다. 신세대는 굳이 구세대의 시각을 경험할 필요가 없습니다. 그들이 이룩한 토대를 전제로 새로운 세계를 전개해나가는 것이 무엇보다 바람직합니다.

누가 뭐라고 해도, 새로운 세계는 이미 시작되었습니다.

무한히 확장하는
시장의 탄생

지금 현재 벌어지는 초기 메타버스의 세계를 잠시 훔쳐보겠습니다. 역시나 엔터테인먼트 회사들의 발걸음이 빠릅니다. K팝 아이돌을 중심으로 캐릭터, 음원, 뮤직비디오, 가상세계의 굿즈, 물질세계의 굿즈 등이 빠르게 시장 생태계를 구축해나가고 있습니다.[13] 메타버스 가입자들은 자유롭게 자신의 아바타를 생성하고 꾸미며 아바타 친구들을 만나 함께 공부하고 게임하고 노래도 부릅니다. 콘서트를 같이 즐기기도 하고 가상세계의 소셜미디어를 이용해 활발하게 소통합니다.

메타버스의 세계를 즐기기 위한 준비는 간단합니다. 스마트폰에 앱을 깔고 결제수단을 등록하고 이어폰을 연결하기만 하면 됩니다. 더 실감 나는 경험을 위해 실감 인터페이스를 제공하는 AR이나 VR기기를 구매해 착용하면 금상첨화입니다. 이미 MFAANG(마이크로소프트, 페이스북, 애플, 아마존, 넷플릭스, 구글) 기업들은 이 시장에 엄청난 자원과 에너지를 투입하고 있습니다.[14]

토지, 노동, 자본이 없는 메타버스

이러한 낯선 풍경 속에서도 시장과 신상품은 분명하게 존재합니다. 시간과 공간과 인간 사이를 가로막는 제약 요소들이 걷히는 환경에서는 가치를 창출하는 방식도 당연히 달라질 것입니다. 기존 물질세계는 토지, 노동, 자본을 생산의 3요소로 둔 가치생산 메커니즘입니다. 그러나 탈물질세계인 메타버스에는 토지가 없습니다. 노동도 없습니다. 자본은 직접적인 힘을 발휘하지 못합니다. 대신 메타버스에는 가상의 자연을 만드는 데이터와, 실물 상품을 만들어내는 노동 대신 데이터를 기반으로 매력적인 세계를 구상할 판짜기 능력이 필요합니다.

이전에는 실물 상품을 만들기 위해 자본을 투입한 생산수단이 필요했습니다. 이제 이것은 컴퓨터와 클라우드, AI로 대체될 것입니다. 소유보다는 필요할 때 필요한 만큼만 저렴하게 빌리는 회원제 형식으로 전환되어 물질세계에서 절대적이었던 자본의 힘은 약화될 것입니다. 대신 공감과 신뢰를 바탕으로 하는 '팬덤'이 자본의 자리를 대신할 것으로 전망됩니다.[15] 팬덤은 즉시 자본으로 전환되고 생산수단을 확보할 수 있게 하기 때문입니다.

수확체증법칙, 데이터 기반의 판짜기

제프리 웨스트는 《스케일》[16]이라는 책에서 도시에서의 인구 증가에 따른 두 가지 수확체증법칙을 알려줍니다.

하나는 물리적인 에너지를 소비하는 대상, 즉 기반시설에서 인구가 두 배로 증가하면, 약 15퍼센트 규모의 경제가 실현된다는 것입니다. 인구 증가에 따른 물질적 요소들이 선형적으로 증가하지 않고, 공유 시스템 덕분에 오히려 에너지 소비를 줄일 수 있게 됩니다.

두 번째는 비물질적인 것, 즉 평균임금, 전문직 수, 특허 수, 범죄 수, 식당 수처럼 에너지를 소비하는 대상이 아닌 것은 인구가 두 배로 증가할 때마다 실제로 약 15퍼센트의 규모의 경제가 실현된다는 것을 여러 도시의 데이터에서 입증해주고 있습니다. 수확이라는 관점에서 보면, 물질적인 것에는 수확체감법칙이 적용되고, 비물질적인 것에는 반대로 수확체증법칙[17]이 적용됩니다. 이것을 그대로 탈물질세계에 적용해보면, 새로운 세계에서는 모든 것이 에너지 소비의 대상이 아니기에 수확체증법칙을 따르게 될 것입니다.

웨스트가 알려주는 것이 한 가지 더 있습니다. 다양성 확대에 관한 것입니다. 도시의 크기가 두 배가 되면, 사업장의 수가 두 배로 늘기도 하지만, 새로운 유형의 사업체 역시 5퍼센트 증가한다는 사실입니다. 다양성은 인구의 크기에 비례해 증가한다는 의미입니다.

탈물질세계에는 시공간적 제약이 존재하지 않습니다. 따라서 시장의 크기를 물질세계와 비교하는 것은 의미가 없습니다. 또한, 탈물질세계에서의 활동 단위는 개인이 아니라 메타버스마다 다르게 활동하는 페르소나입니다. 한 인간의 페르소나는 수를 특정할 수 없기 때문에 탈물질세계의 시장 크기 역시 물질세계와는 비교할 수 없을 정도로 커질 것으로 전망됩니다. 여기에 루만의 체계이론적 관점을 적용해보면, 페르소나 자체도 하나의 체계이므로 자연 발생될 수 있다는 가설까지 세워볼 수 있습니다.[18] 만일 이런 가설이 가능하다면, 탈물질세계의 크기에 한정을 둘 수 없다는 결론에 이르게 됩니다.

자율체 시장이 열린다

물질세계는 물질세계대로 거대한 비용 최적화 과정이 시작될 것입니다. 출퇴근, 물류 같은 이동은 거대한 통합물류체계에 의해 대체될 가능성이 크기 때문입니다. 웨스트의 수확체감법칙을 다른 측면으로 해석해보면, 이는 곧 효율성 경쟁입니다. 즉 물질세계의 대규모 리모델링이 인간의 노동력을 대신하는 자율체들에 의해 수행된다면 생산, 운영 및 유지에 새로운 시장이 열리리라고 기대할 수 있습니다.

디지털 기술이 발전할수록 탈물질세계에서의 인지 감수성 역시 높아질 것입니다. 물질세계에서의 활동성이 기존의 관성을 따르지 않을 가능성이 크다는 의미입니다. 인터넷이 등장할 당시, 인터넷 때문에 인간의 이동이 줄어들 것이라는 기대는 무참하게 깨졌습니다. 정보의 빠른 이동속도가 오히려 인간의 움직임을 빈번하게 만들었기 때문입니다. 그 이유는 욕망에 대한 정보의 자극이었습니다.

탈물질세계가 확대되면 어떻게 될까요? 욕망에 한계를 지을 수 없는 한, 인간의 이동성은 다른 패턴으로 확장될 것입니다. 여행지에서도 충분히 일할 수 있는 탈물질세계가 존재하기 때문에 오히려 다양한 장소에서 혼합현실과 같은 경험에 대한 욕구가 증가하지 않을까 전망해볼 수 있습니다.

거대한 시장이 새로운 탄생을 기다리고 있습니다.

업의 본질을
찾는 노동

방대한 규모의 시장이 확대되면, 인간다운 삶을 방해하고 특정한 시공
간상에 머물게 했던 기계적인 육체노동으로부터 해방될 수 있습니다.
오랜 시간 동안 바라왔던 인류 공통의 꿈이 아닐까 싶습니다.

물질세계 통제력의 한계를 넘어

3장에서 언급한 것처럼 현대 문명은 인류의 공통적인 생존 문제, 생식
문제, 생태 문제를 다른 방법으로 접근해 해결하길 희망하고, 그런 방
법론에 대한 가능성을 실험하고 있습니다. 그런 노력을 종합해보면,

환경 파괴를 최소화하는 차원에서의 먹거리 확보, 먹거리 편중 현상 해소, 생존 문제 해결 등이 충분히 실현 가능하다는 긍정적 메시지가 도출됩니다. 기존의 문제는 기존의 물질세계 질서로만 해결하려고 했던 한계에서 발생한 것이라는 깨달음도 얻게 됩니다.

다시 한번 강조하자면, 현대에 이르러 인류는 물질세계를 통제할 수 있다는 자신감을 확보했습니다. 그런 자신감에는 다음과 같은 이유가 있습니다.

첫째, 체계는 신이 존재하지 않더라도 발생한다[19]는 사실의 확인입니다. 제프리 힌턴Geoffrey Hinton 교수의 심층학습법deep learning[20]의 발표와 이에 기반해 탄생한 딥마인드DeepMind의 뮤제로MuZero[21]가 바로 그것들입니다. 인간에게만 허락되었다고 생각했던 '아는 능력', 즉 지능체계가 스스로 만들어질 수 있음을 확인하는 것이기 때문입니다. 초기조건에 대한 공학적 설계 위에서 얼마든지 지능체계를 형성할 수 있다는 반증입니다. 이것은 루만의 가설이 현실에서 증명되는 필요충분 조건입니다.

둘째, 정보(엄격하게는 데이터)가 곧 에너지라는 것[22]을 확인하는 깨달음입니다. 섀넌이 정의한 정보량이 곧 네거티브 엔트로피라는 심층학습기반을 뮤제로가 보여주고 있습니다.

지식생산 AI의 잠재력

집의 구조와 작동 등을 모두 메타화한다면, AI를 장착한 3D 프린터로 집[23]을 지을 수도 있습니다. 그뿐 아니라 지식생산 AI의 생성적 적대 신경망Generative Adversarial Network, GAN[24] 기술은 인류가 지정하는 우선 순위에 따라 스스로 빠르게 지식을 생산하는 방법을 터득해나갈 것입 니다.

앞서 언급한 언어생성 AI의 GTP-3나 단백질 구조를 학습하는 알 파폴드[25]만 보더라도 우리의 상상을 현재화할 가능성은 충분합니다. 정보로부터 얼마든지 새로운 생성이 가능하다는 뜻입니다. 인류가 축 적한 지식을 스스로 터득한 존재들이 인류가 해온 수많은 일과 앞으로 의 바람을 이루게 된 것입니다. 다시 말해서, 물질세계에 관한 정보가 있으면, 자동 또는 자율적으로 실현해줄 체계를 인공적으로 만듦으로 써 물질세계에 대한 통제력을 장악한다는 의미입니다.

탈물질세계에서 생존을 위한 노동은 더 이상 무의미합니다. 고유성 이 존중받고 그것이 모두를 위한 가치로 작동하는 세상이 되는 것이 미래 문명의 핵심이기 때문입니다.[26] 이제 새로운 노동이 필요한 시대 가 도래하고 있습니다. 다시 강조하자면, 인간은 기계적인 일을 하는 육체노동에서 반드시 제외되어야만 합니다. 인간의 생명을 위협하는 노동에서도 제외되어야만 합니다. 이는 인간의 존엄성과 생명의 다양 성을 보호하는 문제이기 때문입니다.

알파고AphaGo가 신경 네트워크와 나무 탐색 기술을 사용해 바둑을 마스터한 최초의 프로그램이 되다. (2016.1. 네이처)

알파고제로AphaGo Zero가 인간의 지식을 습득하지 않고 스스로 바둑을 깨치다. (2017.10. 네이처)

알파제로Apha Zero가 모든 게임을 위한 하나의 알고리즘으로 세 가지 게임을 마스터하다. (2018.12. 네이처)

뮤제로가 게임에 대한 그 어떤 정보도 알지 못한 채, 게임의 규칙을 스스로 깨치다. (2018.12. 네이처)

딥마인드의 AI 기술 진화

바둑 규칙, 과거 대국 데이터, 승부의 노하우 등을 가르쳐 탄생한 알파고에서, 게임의 규칙만 알려주면 스스로 이기는 방법을 찾는 알파고제로로, 다음에는 체스의 규칙과 일본 장기의 규칙만 알려주면 세 가지 게임에서 스스로 이기는 방법을 찾는 알파제로로 진화하고, 마침내 아무것도 가르쳐주지 않아도 스스로 규칙을 알아내고 이기는 방법을 터득하는 뮤제로로 진화했습니다. **27**

출처: deepmind.com

'참 노동'의 재정립

이제 인간은 자율체 사물들이 지원하는 환경에서 자신 혹은 타인의 고유성 계발에 도움을 주는 '참 노동'의 시간을 준비해야 할 때입니다. '참 노동'을 한마디로 정의하기는 힘들겠지만, 세계경제포럼 World Economic Forum, WEF에서 정의한 미래의 열 가지 인재상에서 열쇠를 찾을 수 있습니다.

①복잡한 문제 해결력, ②결정적 사고력[28], ③창의력, ④인간 관리, ⑤타인과의 조정력, ⑥감성지능, ⑦판단력과 의사결정 능력, ⑧서비스 지향적 마인드, ⑨협상력, ⑩인지적 유연성 등입니다. 이 열 가지는 다시 문제 해결 능력인 ①, ②, ③, ⑦, ⑧과 타인과의 조율 능력인 ④, ⑤, ⑥, ⑨, ⑩으로 나눌 수 있습니다.

여기에는 다양한 사람과 사물이 뒤엉킨 세상의 복잡한 문제를 끊임없이 조율하는 대안을 마련하고, 그 대안을 갱신해야 한다는 사회의 기본 원리를 다시 한번 강조해주는 것 이외에는 특별한 게 없습니다. 탈물질세계가 도래하는 가까운 미래에는 이것이 가능하다고 이야기하는 것이 기존의 원리와 유일한 차이점일 것입니다.

다른 방식으로 일을 하는 시대가 도래하고 있다는 것입니다.

새로운 세상을 위한
조건들

새로운 세상, 탈물질세계로 확장하는 세상은 더 이상 물질의 소유에 따라 가치가 차이 나는 세상이 아닙니다. 오히려 물질을 필요로 할 때 필요한 만큼만 저렴하게 사용할 수 있는 세상입니다.[29] 가치가 물질의 한계에 제약되지 않는 무한 확장되는 시장이 열리고, 그곳에서 어마어마한 가치를 최소한의 비용과 노력으로 생산할 수 있는 세상을 목표로 하게 될 것입니다.

문명사 속의 숨겨진 비밀 훔치기

지금과 다른 세상을 만든다는 접근은 기존의 전통적인 관념과 충돌하기 마련입니다. 그러나 그 충돌을 일으키는 문제가 해결된다고 전제[30]하면, 새로운 도전은 충분히 가능해집니다. 전제되는 것들은 당연히 공학적 해결이 가능한 대상들입니다. 이런 자신감은 인류 문명사에 숨겨진 수많은 체계의 비밀을 훔칠 수 있다는 데서 출발합니다. 체계의 관점에서 보면, 어떤 사태든 이를 촉발한 작동들이 존재하고, 또 여기에는 작동들을 조건화하는 구조가 존재합니다. 공학[31]의 기본은 이런 구조와 작동 조건 사이의 오묘한 배치를 읽어내는 것, 또 그 역도 가능하게 하는 것이기 때문입니다.

새로운 세상을 만들기 위해서는 몇 가지 전제가 필요합니다.

가장 큰 전제는 모두의 뜻을 모을 수 있다는 것입니다. 이것은 정말 복잡하고 힘든 일입니다. 그러나 뜻을 모으는 것은 뜻을 세우는 것보다는 조금 수월합니다. 뜻을 만들 때는 사람마다 참고하는 자신만의 기준이 존재하기 때문입니다. 마치 빗물받이처럼 빗물이 아래로 흐르도록 지붕을 배치하면 빗물은 자동으로 모이기 마련입니다. 개인의 기준을 다차원의 좌표상에 옮겨놓고 서로를 비교하는 것은 기울어진 지붕과 빗물받이의 역할을 담당하기에 충분합니다.[32] 이에 대한 구체적인 접근은 공학과 기술 영역에서 해결해나가면 됩니다.

두 번째 전제는 함께 만든 뜻이 제대로 실현되고 있는지에 대한 실시간 확인이 가능해야 한다는 것입니다. 그것도 투명하게 확인할 수 있어야 합니다. 합의된 뜻에 반하는 조작을 허용하지 않고 사실대로 기록이 된다면 얼마든지 가능한 일입니다. 이를 실현하기 위한 방법론 역시 공학과 기술 영역이 충분히 담당할 수 있습니다. '얼마나 최소한의 관찰로 많은 사태가 설명될 것인가?'라는 공학과 기술의 경쟁 속에서 최선의 답을 찾아갈 것입니다.

공학은 궁리나 꾀의 다양성과 정교함

세 번째 전제는 사람들의 머릿속 비즈니스 모델을 도울 기술은 언제든지 존재한다는 것입니다. 이 전제에는 기계적인 노동을 AI로 대체하거나 공학으로 지원할 수 있다는 것을 포함합니다.

이런 전제들을 해결하기 위해서는 디지털의 힘을 최대한 활용하는 것이 필요합니다. 하지만 이런 전제를 의심할 수 있습니다. 많은 사람이 디지털에 대해 정말 중요한 본질 하나를 놓치고 있기 때문입니다.

그것은 바로, 초연결의 의미입니다. 초연결은 모든 개체의 모든 사태를 한곳에 모아 공유한다는 가장 기본적인 성질을 간과해서는 안 됩니다. 아마도 그런 것은 상상만으로 가능하다는 생각에서 그러한 오류가 발생하는 것이 아닐까 의심해볼 수 있습니다. 현실에서도 초연결과 같은 현상을 많은 곳에서 경험하고 있습니다. 우리는 보이지 않는 시간 동안 서로 신뢰하는 사람들끼리는 마치 보고 있는 것처럼 참고 견디줌으로써 보이지 않음을 극복해낼 수 있다는 것을 알고 있습니다.

믿음이란 보이지 않는 끈으로 연결되어 있다는 것입니다. 즉 초연결의 본질은 '믿음'을 메타화해서 보여주는 것입니다.

초연결의 본질, 믿음을 다시 한번 메타화하기

초연결을 통한 신뢰 문제의 해결 방법에는 반드시 먼저 해결되어야 할 전제가 있습니다. 개인정보보호 및 데이터 저작권 문제입니다. 이는 탈물질세계가 활기찬 모습을 유지하기 위한 필수 전제 조건이지만, 아직 이것에 대한 논의를 찾아볼 수가 없습니다. 모든 것 간에 '차이', 즉 다름이 존재하지 않는다면 세계는 더 이상 불필요할 것입니다. 새로운 것을 생성할 수 없는 환경이 되어버리기 때문입니다. 세상은 언제나 그 다름 때문에 우연성을 만들어내고 그 우연성 때문에 끊임없이 이어지고 확장되어왔습니다.

이러한 진화의 필수 조건에 대한 문제가 해결되지 않는 이유는 문제들이 서로 얽히고설켜 있기 때문입니다. 그중에서도 우리가 구조적 차원에서 접근하지 않기 때문에 발견되지 않는다는 이유가 더욱 클 것 같습니다. 이 문제를 풀기 위해서는 역시나 다른 대안이 필요할 것입니다.

세상은 만들어진 것이라는 관점에서 구조적 배치를 만들면 그 해법을 발견할 수 있습니다. 처음부터 개인정보를 노출시키지 않으면 됩니다. 그렇다면 데이터의 자유 거래를 지금보다 쉽게 풀어낼 수 있습니

다. 이로써 개인의 프라이버시 문제 역시 자연스럽게 해결되고, 그것
이 무형의 가치를 중심으로 하는 새로운 세상의 기본 덕목으로 자리
잡게 될 것입니다.

5장

THE MISSION
OF
GENERAL
ENGINEERING

새로운 세상을 위한
공학적 접근

■ 되돌아갈 수 없는 삶의 경로
■ 선택이 가능한 열린 삶의 경로

오늘

당신이
태어난 날

당신
삶의 경로

오늘날
당신의 삶

← 과거

미래 →

과거와 현재와 미래

탄생이 출발의 초기조건이지만, 삶의 여정은 각자의 선택에 따라 다양하게 갈라지듯이, 미래 또한 현재라는 출발의 초기조건이 존재하지만, 미래의 여정은 갈림길에서 어떤 선택을 하느냐에 따라 달라집니다. 무한한 미래의 가능성을 고려하면 도전에는 불가능이 없습니다. 20세기 후반에 탄생한 '발달시스템이론Developmental Systems Theory'은 객체의 특질이 유전되는 것이 아니라 특질을 이루는 발달 자원들, 즉 유전자, 관습, 문화 등이 유전될 뿐이라는 점과 진정한 진화는 변화하는 환경에 적응하는 것이 아니라 환경을 조성하는 것이라고 설명합니다. ◀

⚠ 출처: waitbutwhy

지속 가능성을 위한 지향들

인간은 몸의 한계, 즉 감각과 운동의 한계로 감옥살이를 하다가 '언어의 발견'[2]과 함께 그 감옥을 서서히 벗어날 길을 찾았고, 오늘에 이르렀습니다. 언어의 발견이 욕망을 머리로 생각하게 하고, 생각을 언어로 표현하게 하고, 표현이 표현을 만나 관계를 맺고, 관계와 관계가 만나 구조를 낳고, 동작을 낳고, 체계를 잉태하는 과정으로 넓어집니다. 이런 생각은 미디어의 확장을 인간의 확장으로 해석한 마셜 매클루언Marshall Mcluhan의 발상에 기인합니다.[3]

그는 인류가 만들어낸 모든 문명을 인간 확장의 일환으로 보았습니다. 또한, 어떤 것은 우리의 일부를 다양한 물질로 번역한 것이라고 말합니다. 예를 들어, 옷은 개인의 피부를 확장한 것이고, 주택은 체온조절 기제를 확장한 것이며, 도시 또한 신체기관들을 훨씬 복잡하게 확장한 것으로 해석합니다.

인류의 모든 문명은 '인간의 확장'

한마디로 세상은 만들어내는 것입니다. 인류의 욕망으로 이제 우리는 몸의 구조와 작동원리를 거의 대부분 알게 됐습니다. 인간의 장기를 무제한으로 이식하겠다는 욕망이 현실로 다가오고 있고, 세포들을 젊게 재생한다는 욕망 또한 이미 우리 곁에 와 있습니다.

심지어는 인간의 감정이 생존을 위한 알고리즘으로 다듬어졌다는 것과 지능 또한 심층학습으로 스스로 생겨날 수 있음이 밝혀지고, 메타인지력의 생성 메커니즘도 체계의 의미 생성 메커니즘으로 해석되고 있습니다. 그뿐 아니라 에너지의 생성이 단순히 '구분'하는 것으로부터 가능하다는 생각이 생겨나고 있습니다.

순환과 연결의 근원, 생명자본

세상이 만들어지는 것이라면, 앞으로의 세상은 어떻게 만들 수 있을까요? 인간은 이 질문에 대한 답을 찾기 위해 '성찰reflection'의 과정을 거쳐 왔습니다.[4] AI가 끝없이 달려가고 있는 지금, 이어령 선생의 '생명

자본'이라는 통찰은 우리에게 그 답을 던져주기에 충분한 것 같습니다.

그는 생명자본을 생태계의 순환과 연결을 가능하게 하는 것으로 이는 곧 지혜와 같다고 정의했습니다.[5] 생명을 에너지가 아니라 자본이라 표현한 이유는 인간이 만들어낸다는 의미를 함축하고 있는 것으로 풀이됩니다. 그에 따르면, 에너지원인 AI는 지혜에서 지식, 지식에서 정보, 정보에서 데이터로 변화되는 과정에서 출현했고, 이제 AI가 역으로 데이터로 새로운 정보를 만들고, 정보에서 또 새로운 지식을 만들고, 지식에서 새로운 지혜, 즉 새로운 생명자본을 생성하는 길이 보인다는 것입니다. 인류가 밟아온 수많은 과오를 수정할 절호의 기회가 눈앞에 다가온 것입니다. 그의 멋진 통찰은 곧 세상은 만드는 것이라는 명제와 같은 맥락입니다.

인류가 만들어낸 '인류의 바틀러'

우주의 선순환 생태계를 만들 긍정적 해석이 필요합니다. 인류가 왜 오류를 범해왔는지 반성하고 그것을 토대로 수정해서 다시 제대로 만들겠다는 생각이 필요합니다.

왜 우리가 기후위기에 처하게 되었을까요? 왜 우리 곁에는 아직도 기근에 시달리는 사람들이 있을까요? 왜 우리는 소외로 고통받을까요? 왜 우리는 의미 없는 경쟁을 하고 살까요? 왜 우리는 서로 파편화되어 살까요? 인류사를 거치면서 쌓아온 문제들의 원인은 지혜, 지식,

환경 파괴 없는 생태사회

낭비 없는 절약사회

소외 없는 복지사회

닮음이 부끄러운
개성사회

함께 조율하는 민주사회

지속 가능성을 위한 조건
지구 생명의 역사에서 가장 강력한 추진 동력은 '다양성'이지만, 지속 가능성을 위한 조건이 되는 '다양성'을 배양하려는 노력은 절대적으로 부족합니다. 디지털이 가져다주는 '인간의 확장'을 토대 삼아, 다양성을 배양하는 거대한 지향이 필요합니다.

정보라는 과거의 관점으로 가려져 있었습니다. 이제 '데이터'를 통해 진실을 읽어내며 반성의 시간을 가질 수 있게 되었습니다. 그것도 인류가 만들어낸 바틀러(집사), AI를 통해서 저렴한 비용으로 가능해졌습니다. 그 속에서 잘못된 사태를 야기하는 잘못된 작동을 발견하고 그 작동을 수정하는 구조적 배치를 발견하게 되었습니다. 이것이 인류가 지속 가능성이라는 희망을 말하는 이유입니다. 이렇듯 공학은 새로운 생명자본을 만들어가는 새로운 배치를 추구합니다.

공학의 새로운 배치를 위해 지금까지 밝혀진 문제들의 해결 방향을 논의해왔습니다. 이러한 논의 자체가 반성이라는 측면[6]에서 생명 진화의 지속 가능성을 꿈꾸기 위한 최선입니다. 지향이 응축되면, 공학은 그 지향을 얻기 위한 역할을 분담하면 됩니다.

지속 가능성을 위한 새로운 지향점을 몇 가지 나열해보겠습니다.

지속 가능성의 지향 ① 함께 조율하는 민주사회

먼저, '함께 조율하는 민주사회'를 지향합니다. 종교인이자 과학자였던 테야르 드 샤르댕Teilhard de Chardin 신부의 '인간 현상'을 굳이 인용하지 않더라도 인간은 끊임없이 정신세계를 확장해 '개인'을 인식하는 단계를 넘어 여러 '인격체'들의 가치를 정점으로 갖는 '차이동일성'[7] 개체를 인식하는 단계에 이르렀습니다. 인간이라는 개체는 하나의 틀 속에 가둘 수 없으며 타자들과 함께 관계하는 다양한 체계들을 지속하는 소중한 개체들이라는 자각 말입니다.

아무도 나를 대신할 존재는 없습니다. 욕망의 결정체인 기술 덕분에 인간의 확장력이 끝을 모를 정도로 빠르게 뻗어가는 시대에서, 나를 대신할 그 어떤 존재도 필요하지 않다는 사실을 인지하게 되었습니다. 나의 뜻을 대신해줄 대의정치가 불필요한 세상이 다가오고 있습니다. 아니, 모두의 의지에 따라 뜻을 결정하는 '조율정치'의 시대가 다가온다는 표현이 더 적절할 것 같습니다. 다양한 개성을 이어주는 조율사들은 디지털 기술의 힘을 빌려 인간의 정신세계에서만 가능한 미묘하고 아날로그적인 인지감수성[8]으로 뜻과 뜻을 이어주거나 차이를 조정하는 일을 하며 이를 객관적인 관점에서 실시간으로 평가받게 될 것입니다.

이 지점에서 공학의 역할이 또 한 번 요구됩니다. 수많은 개체들의 다양한 욕구를 동시에 해결하거나 해결할 가능성을 제시하는 다차원 또는 입체적인 작동들의 배치가 필요하기 때문입니다.

지속 가능성의 지향 ② **낭비 없는 절약사회**

두 번째, '낭비 없는 절약사회'라는 지향점입니다. '낭비'라는 말에는 불필요한 탄소 배출이 포함됩니다. 한편에는 '빈곤'이 똬리를 틀고 있습니다. 한쪽은 넘쳐서 버리고 다른 한쪽은 모자라서 절규합니다. 열을 내뿜고 받아들이는 지구의 대순환 메커니즘은 원활하게 작동되지 않습니다. 마치 고지혈증 환자에게서 항상성이 유지되지 않는 것과 같은 이치입니다.

찰스 데이비드 킬링Charles David Keeling은 해발 3,396미터 지점에 있는 마우나로아 관측소Mauna Loa Observatory[9]에서 1958년부터 대기 중의 이산화탄소량을 집요하고 끈질기게 측정해왔습니다. 이 노력 끝에 얻어낸 킬링곡선은 인류가 얼마나 무질서한 삶을 살고 있는지 나타내 경각심을 일깨워주었습니다. 그가 50년 동안 측정한 연구 결과에 자극을 받아 남극대륙의 빙하코어에서도 비슷한 연구가 이루어졌습니다.[10] 이로써 기원전 약 1만 년에서 기원후 1750년 산업혁명 이전 시기까지는 대기 중 이산화탄소의 농도가 280ppm 내외였으나 현재는 인류가 지금껏 경험해보지 못한 400ppm[11]을 넘어서고 있다는 사실도 알게 되었습니다.

과학은 이산화탄소 농도가 400ppm이 넘으면 지구에 어떤 현상이 일어나는지를 추적했고, 해수면의 온도가 섭씨 2도를 넘어서면 더 이상 지구 생태계가 복구될 수 없다고 평가합니다. 0.5도의 여유를 남겨놓고 지구 생태계가 스스로 복원될 수 있도록 해보자는 것이 '기후변화에 관한 정부간 협의체IPCC'의 결론입니다.

이러한 절체절명의 시기에 지구는 여전히 양극단에서 절규하는 소리를 들으며 신음하고 있습니다. 남는 것을 모아 모자란 곳으로 신속히 재분배하고 사용한 것을 자연에 이로운 상태로 되돌려주거나 재활용으로 불필요한 자원의 소모12를 줄여야만 합니다. 이 모든 일은 현대 기술로 실현 가능합니다. 에너지에서부터 식량, 생필품에 이르기까지 이산화탄소의 발생을 줄일 가능성은 충분합니다.

지속 가능성의 지향 ③ 닮음이 부끄러운 개성사회

세 번째, '닮음이 부끄러운 개성사회'라는 지향점입니다. 개성 없는 사회는 어쩌면 지옥일 것입니다. 움직임이 없다는 의미일 테니까요. 시간, 공간, 인간 간의 장벽을 극복해나가는 시대에 '닮음'이란 선택의 다양성을 소멸시키는 것입니다. 다양성의 소멸은 곧 사회 전체를 위험 앞에 무방비로 내놓는 것과 같습니다. 사회문화적 진화는 이런 결과를 예상하지 않았을 것입니다. 따라서 개성사회로 진화한다는 전제는 필연적인 것이고, 이는 곧 모든 것의 차이를 인정하는 데서 출발합니다. 바로 이 지점이 개인과 개인의 메타정보 보호라는 당위성을 부여합니다.13 차이를 만들어내는 조건이 획일화되는 것을 방지하기 위해 일률적인 교육 방지에 대한 당위성도 함께 이끌어낼 수 있습니다.

모두가 다르다는 것이 전제되면, 기존의 표준적 개념의 사회 제도는 철폐를 논의하게 됩니다. 복지나 의료에서도 마찬가지입니다. 이것이 제대로 이루어지면 '필요한 것을, 필요할 때, 필요한 만큼, 즉시 제공'이라는 정책의 목표가 더 선명해져 거대한 사회 지원 시스템의 기능과 구조들도 앞으로 나아가게 됩니다. 복잡하지 않은 최소한의 에너지로 문제를 해결할 방안들을 모색하는 것입니다.

벌써 눈치챘겠지만, 시스템적인 지원과 차이에 대한 보호에는 일종의 모순[14]이 발생합니다. 그러나 걱정할 필요는 없습니다. 생명 진화의 역사에서, 이러한 수많은 모순을 '구조적 결합structural coupling'이라는 방식으로 해결해갈 실마리를 찾아왔기 때문입니다.[15] 이 문제 역시 공학적 판짜기의 범주에서 다루어야 할 것입니다.

지속 가능성의 지향 ④ 소외 없는 복지사회

네 번째, '소외 없는 복지사회'라는 지향점입니다. 앞에서 언급한 것처럼 복지는 개인들에게 '필요한 것을, 필요할 때, 필요한 만큼, 즉시 제공'해야 합니다. 인간이 중심이 되는 복지, 모든 사람에게 원하는 것을 지원하는 복지가 진정한 소외 없는 복지의 개념이기 때문입니다.

기존의 상식으로는 엄청난 비용이 수반되므로 도저히 해결할 수 없는 이상적인 개념입니다. 그러나 디지털 기술 덕분에 실현 가능성이 점점 커지고 있습니다. 굳이 '특이점'[16]을 언급하지 않더라도, 디지털 기술에 의한 인간의 확장은 시공간을 초월한 소통과 연결 가능성을 충분히 열어주고 있습니다. 인류가 험난한 '대항해'의 길을 걸어왔듯이, 지금은 메타버스의 대항해시대를 이야기할 시점에 이르렀습니다.

메타버스적 시공간이 인류의 활동 공간으로 자리 잡으려면 먼저 보편적인 메타버스 접속권이 보장되어야 합니다. 가장 기본적인 방법은 AR, VR, MR 등의 접속 도구를 제공하는 것입니다. 이것은 미래를 선도하기 위한 선제적 대응 방법으로도 활용할 수 있습니다.

또 한 가지 놓칠 수 없는 것은 '확장된 감각'의 정교함에 대한 투자입니다.[17] 이는 새로운 거대 시장 생태계상에서의 비대칭 전략입니다. 이 정교함이 제대로 적용되면 기존 시장 생태계의 비대칭 전략이었던 '속도'가 가졌던 힘보다 훨씬 더 큰 파급력을 갖는 것은 물론, '조율의 속도'의 의미로 새로운 힘을 발휘하게 될 것입니다.

그 정교함에는 인간의 감각이 작동하는 것에 대한 의지도 반영되어야 합니다. 인간은 더 이상 감각으로부터 오는 신호를 수동적으로 수용하는 것에 만족하지 않고 적극적으로 조작해 다양한 형식을 창출하고 새로운 형식의 언어를 사용할 것이기 때문입니다. 인간이 기술적 수단을 자유자재로 활용해 스스로를 무한 확장할 수 있게 준비해야 합니다. 이것이야말로 정교함이 미래 시장의 핵심이 되는 이유입니다.

지속 가능성의 지향 ⑤ 환경 파괴 없는 생태사회

다섯 번째, '환경 파괴 없는 생태사회'라는 지향점입니다. 이것은 '낭비 없는 절약사회'와 밀접한 관계가 있지만, 전자의 지향점은 이미 소유한 것의 낭비를 최소화하는 것이라면, 이것은 획득하는 방법에 관한 것입니다.

과소비가 줄기 시작하면 재분배할 자원 또한 줄어들므로, 필연적으로 다시 환경에서 자원을 획득해야 합니다. '필요한 것을, 필요할 때, 필요한 만큼, 즉시 제공'이라는 명제는 모든 물질 소비에도 해당합니다. 불필요한 생산을 지양해 재고를 남기지 않고 무엇이든 필요한 곳에서 생산해 물류로 인한 환경 부담을 최소화합니다. 이를 위해 메타정보, 즉 디자인, 구조, 규격, 재료 등 상품을 구성하는 전반적인 정보의 전달만으로 필요한 것을 생산할 수 있어야 합니다. 3D 프린터를 기반으로 하는 제조 네트워크와 재고 없는 물류 네트워크, 재료실험 네트워크 등을 최적화하는 문제입니다.

먼저, 수요에 대한 메타정보의 생산, 가공, 거래 시장 생태계가 자연스럽게 형성되고, 제조 및 조립 등에 대한 네트워크형 시장이 형성될 것입니다. 다음으로는 수요를 기반으로 재료 및 부품의 실시간 물류 네트워크가 구축될 전망입니다. 이것에는 메타정보 시장 형성이 전제되어야 합니다. 또한, 물류 네트워크의 생산성과 비용 최적화를 위한 무인 물류체계도 적극적으로 도입해야 합니다. 마지막으로 재료실험 네트워크입니다. 이것은 수요에 대한 메타정보에 새로운 재료나 부품들을 수급하는 해법으로서의 실험 네트워크입니다. 이 실험 네트워크는 물질들에 대한 분자구조 지도 정보와 새로운 물질에 대한 시뮬레이션 환경이 포합됩니다.

한편, 환경 파괴라는 측면에서 제일 심각한 문제는 식량의 조달입니다. 사료변환효율Feed Conversion Ratio, FCR이라는 값이 있습니다. 이는 생물체의 몸 1파운드를 늘리는 데 필요한 사료의 양을 표기하는 수치입니다.[18] 예를 들어, 소는 사료 6파운드가 필요하고, 물고기는 1.1파운드가 필요합니다. 이런 사실에서 FCR이 높은 육고기와 물고기를 대체할 방식을 구상할 수 있습니다.

소고기 1킬로그램은 가상수 15.5톤

또 하나, 놓쳐서는 안 되는 개념이 있습니다. 바로 가상수virtual water라는 것입니다. 가상수는 우리가 먹는 농산물이나 사용하는 공산품이 만들어지기까지 소비되는 물의 양으로, 물이 걸어온 발자국과 같은 개념입니다. 예를 들어, 소고기 1킬로그램의 가상수는 15.5톤입니다. 가볍게 사 먹는 햄버거 한 개의 가상수는 2.4톤입니다. 치즈 1킬로그램에는 5톤의 물이 소비됩니다. 대만의 반도체 회사 TSMC가 반도체를 생산하는 데는 하루 15만 톤 이상의 물이 소비됩니다.

조금 더 자세히 풀어보면, 우리가 소고기 1킬로그램을 먹을 때, 사료는 3킬로그램이 소비되었으며, 물은 15.5톤이 소비되었다는 것입니다. 이처럼 먹거리 문제는 물 부족 및 환경 문제와 직결되어 있습니다.[19] 사료변환효율이 1.1밖에 안 되는 물고기도 그냥 지나칠 수 없습니다. 소득수준이 높아질수록 해산물 소비가 늘어나므로 전 세계 어업의 규모는 계속해서 확대되고, 그에 따라 해양 생태계도 잇달아 파괴되고 있습니다.

넷플릭스의 오리지널 다큐멘터리 〈씨스피라시Seaspiracy〉의 고발은 충격적입니다.[20] 현재, 전 세계 바다에서는 매년 2조 7,000억 마리의 물고기를 잡고 있으며, 이 정도 포획 속도라면 2048년에는 바다가 텅 빈다는 고발입니다. 그뿐 아니라, 어업이 확장되면서 바다를 오염시키는 속도도 빨라지고 있습니다. 바다는 지구 내 이산화탄소의 93퍼센트를 저장하고 있으므로, 바다가 파괴되면 바닷속의 이산화탄소가 공기 중에 퍼지게 됩니다. 엎친 데 덮친 격입니다.

먹거리를 준비하는 방법은 완전히 달라져야 합니다. 특히 미시적 관점에서의 먹거리와 건강 차원의 먹거리를 분리해 준비해야 합니다. 생태 환경에 최소한으로만 영향을 미치는 먹거리 사슬체계를 구축해야 하며, 현존하는 기술적 수단으로 이 문제를 해결할 수 있습니다.

진화 역사로부터
배울 수 있는 것들

인류는 때때로 인간을 둘러싼 경계선에 올라서서 만성하는 태도로 울타리 안팎의 것을 하나의 지평으로 설명합니다. 그런 깨달음이 우주의 한 점에 지나지 않는 인간이 광대한 시공간을 마주하고도 당당할 수 있는 이유입니다. 물질세계를 완전히 통제할 수 있는 변곡점 위에 올라앉아 그것을 인식하든 하지 못하든 상관없이 물질세계와 탈물질세계가 또 하나의 지평선 위에서 정의될 수 있다는 깨달음을 얻는 것입니다. 이것은 인류를 탈물질세계로 빠르게 이끌고 갈 것입니다. 세상의 변화를 초래하는 에너지는 평균을 따르지 않기 때문입니다.

롱나우재단Long Now Foundation의 공동대표인 브라이언 이노Brian Eno는 '지금now'이라는 말이 결코 순간을 의미하지 않는다며 당신이 성장

한 시간은 미래를 위한 씨앗이 되는 '롱나우'라고 말합니다.[21]

이것은 지구상 현생 인류의 역사가 1만 년이 흐르는 동안 이루어져 왔던 것을 재현함으로써 시간의 비가역성을 극복하는 방법을 터득하고 인류의 미래를 위한 엔진으로 진화해왔음을 말하는 것입니다. 1만 년의 경험을 바탕으로 오늘의 디지털 혁명을 잉태했다는 관점에 동의한다면, 다가올 1만 년을 준비할 지혜를 찾을 수 있을 것입니다. 그 믿음은 곧 2만 년이 '롱나우'인 세상과 같을 것입니다.

빙하가 녹고 생명체가 본격적인 활동을 시작한 시점으로부터 지금에 이르기까지 1만 년이란 시간이 흘러왔습니다. 인류의 시간을 되돌릴 수는 없지만, 그동안의 경험을 체계적으로 응축해놓았다면, 지난 시간은 '지금'과 다르지 않을 것입니다. 말로는 헤아릴 수 없는 수많은 사건의 체험과 행위에서 다양한 경험이 쌓여왔습니다. 굳이 제프리 웨스트의 말을 빌리지 않더라도, 인류는 피할 수 없는 위기 앞에서 새로운 돌파구를 마련하며 지금에 이르렀습니다. 그것은 '진화'라는 말로 압축됩니다.

2000년대를 살고 있는 우리는 그 1만 년의 시간에서 미래에 필요한 지혜를 읽어내야만 합니다. 당연히 그 속엔 수많은 실수와 오류도 들어 있을 것입니다. 좋은 것과 나쁜 것을 동시에 읽어내 미래를 만드는 작업에 활용해야 합니다. 그것이 바로 '반성'입니다. 반성은 그 시간에 존재했던 '요소'와 그 사이의 '관계'를 읽어내는 것과 그 관계 간에 존재하는 공간의 배치와 움직임의 규칙인 판을 읽어내는 일련의 과정입니다. 인류는 분명 그러한 반성의 시간으로 생존법을 터득하고 지속 가능성을 꿈꿔왔습니다.

루만의 체계이론과 공학적 접근의 공통분모

세상의 비밀을 읽어내는 데는 루만의 체계이론이 큰 도움을 줍니다. 루만의 접근은 대상을 해석하지 않기 때문입니다. 불확정성 원리가 적용되는 물리계를 해석하다 보면 왜곡은 불가피하게 됩니다. 양자역학의 세계에서 불확정성의 원리가 적용된다면, 체계에서는 자기 준거self-reference의 원리[22]가 적용된다고 할 수 있습니다. 모든 것이 고정된 모습으로 유지되는 것이 아니라 끊임없이 변화한다는 의미입니다. 이런 동적인 형태는 해석이 아니라 구조와 작동의 차이를 구분해 체계의 차이를 설명해야 분석의 오류를 극복할 수 있습니다.

　루만 이론의 다른 측면은 바로 체계가 판짜기를 본질로 하는 공工(마련, 만들기)의 대상이라는 점입니다. 루만의 차이를 통한 체계의 분석은 공학의 체계분석 방법론으로 차용해볼 수 있습니다. 루만이 체계이론과 공학의 접근 방식으로 사태의 근원을 밝히듯이, 공학 또한 이 체계를 다루는 방식은 그런 공의 경험을 축적해 다루고 있습니다. 따라서 공의 대상이자 결과물인 체계에 접근하는 방식은 학문에서 비밀을 훔쳐서 활용하는 접근 방법에 대한 든든한 논리적 근거가 되어줍니다.

사람이 감각을 제어하는 비법

인류가 반성의 시간으로 읽어낸 '과거의 오늘'은 다음과 같습니다.

첫째, '폐쇄적 열린 구조'입니다. 여기에는 생존을 위한 웅크림이라는 폐쇄성과 성장을 위한 개방성이 공존합니다. 새롭게 터득한 것을 잃지 않도록 폐쇄적으로 보관하고 그 위에 또 새로운 것을 터득할 수 있는 구조입니다. 이것의 핵심은 '관찰'입니다. 관찰은 터득할 것이 많을수록 더 오래, 더 자세하게 구분하는 과정을 거쳐야만 합니다. 사람의 감각을 통제하는 방식이 이런 메커니즘입니다. 모든 감각은 감각을 제어하는 데 들어가는 에너지를 최소화하기 위해 외부의 자극이 있으면 열리고 일정 시간이 지나면 자동으로 닫힙니다.[23] 더 자세한 관찰이 필요할 때만 추가로 감각의 문을 열어놓는 시간을 늘립니다. 이 방식에서는 오랫동안 비교해 새로운 구분이 생기면, 내 것으로 만들고 싶은 것에만 '이름'을 붙이고, 그렇지 않은 것은 그냥 던져놓습니다.[24] 새로운 구분을 축적할수록 비교해야 할 특징이 늘어나므로, 여기에는 새로운 선택에 대한 가능성이 존재하게 됩니다. 이렇게 진화 속에는 경계의 확장과 가능성의 확장을 동시에 열어가면서도 자신을 보호할 수 있는 메커니즘이 축적됩니다.

둘째, '지평적 축적 방법'입니다. '지평地平'은 글자 그대로 땅을 수평으로 볼 수 있는 범위를 뜻합니다. 즉 각기 다른 방위의 수직선 위에 놓인 사태들에 대한 경험을 표현하는 방식입니다.

루만의 세 가지 방위: 사실 · 시간 · 사회적 방위

루만은 이 축적 방법에서 세 가지 방위를 제시합니다. 사실적 방위, 시간적 방위, 사회적 방위가 그것입니다. 사실적 방위는 체계의 내부에 있는 것과 외부에 있는 것을 구분합니다. 시간적 방위는 과거와 미래를 구분합니다. 사회적 방위는 자아와 타자를 구분합니다.[25]

루만은 이렇게 세 가지 방위에서 서로 이질적인 것을 하나의 의미로 압축했지만, 그 또한 다양한 층위로 나눌 수 있습니다. 이러한 지평적 축적이 지향점을 만들어냅니다. 지향점이 먼저든 나중이든 상관 없습니다. 지향점과 지평적 축적은 재귀적 갱신을 지속해나가는 구조를 띠기 때문입니다.

셋째, '계층적 축적 방법'입니다. 요소들과 관계들 사이의 복잡성, 즉 부모와 자식의 역할 분담과 같은 방식으로 관계들을 계층화해 복잡성을 낮추는 것입니다. 계층적 구조라는 표현도 가능합니다. 상위계층에서 일어나는 현상 가운데 하위계층의 조건이나 전제 없이는 불가능한 관계들을 구조화하는 것입니다.[26] 계층 사이 약속된 신호 이외에는 그 어떤 신호도 허용하지 않음으로써 하위계층의 안전성을 보장하고, 반대급부로 상위계층의 지속성을 확보하는 방법입니다. 여러 계층을 공통으로 조건화하는 경우도 가능합니다. 상하관계를 밑지층과 윗지층으로 표현한다면, 공통 조건의 계층화는 옆지층이라고 표현할 수 있습니다.[27]

이런 해석은 현재 시점에서 새로운 체계를 실험[28]할 수 있게 해주었습니다. 앞서 말한 대로, 공은 판짜기에 대한 다양한 실험을 활동의 대상으로 삼고 있기에, 이런 '해석'이 지향하는 사태들을 염두에 두는 정교한 공학이 마련될 수 있습니다.

새로운 생태계 구축을 위한 전제들

앞에서 우리가 만들어가야 할 세상의 지향점을 나누었습니다. 다시 한 번 나열해보면, 함께 조율하는 민주사회, 낭비 없는 절약사회, 닮음이 부끄러운 개성사회, 소외 없는 복지사회, 환경 파괴 없는 생태사회, 이 다섯 가지입니다.

이 다섯 가지는 인류 공통의 보편적 지향을 담아내고 있습니다. 이런 사회를 만들겠다는 이야기에도 회의적인 시각이 따라올 것입니다. 그러나 인류의 역사가 시작된 1만 년 전에는 지금의 모습 역시 상상도 할 수 없었을 것입니다. 여기에서 새로운 질문이 등장합니다. 어떻게 과거와 다른 지금의 사회가 만들어졌을까요?

우리가 지향하는 사회의 건설 가능성 찾기

답은 간단합니다. 파괴보다는 생성에 훨씬 더 많은 에너지가 소모되므로, 세상은 끊임없이 에너지의 흐름을 역행하는 방향으로의 움직임, 즉 만드는 작업 없이는 오늘날과 같은 모습으로 존재할 수 없었습니다. 또한, 그 과정에서 공통적으로 '먼저 시도하고, 발생하는 문제를 보완'하는 방식으로 접근하고, 그 보완은 항상 에너지 소비를 최저로 하는 안정된 상태를 지향한다는 사실입니다.

공학적 입장에서는 이런 인류의 활동을 축적하는 데 분명 어떤 사태와 사태를 일으키는 작동과 그 작동을 가능하게 하는 구조적 원리가 존재한다고 확신합니다. 앞서 언급한 세 가지 축적 방법은 지속 가능성을 보장하는 가장 기본적인 방법이기에 이 방법론을 사용해 우리가 만들 세상의 틀 또한 정리할 수 있습니다.

세포에서 배우는 미래 건설 비법

이제 이런 공학적 확신을 토대로 지향하는 사회의 건설에 필요한 전제를 살펴보겠습니다. 앞에서 세 가지 기본 전제와 실현 관점에서의 두 가지 전제를 나눠봤습니다. 전자는 모두의 뜻을 모을 수 있다는 것과 실시간으로 그 실현을 확인할 수 있다는 것과 머릿속의 비즈니스 모델을 구현할 기술은 언제든지 존재한다는 것이었습니다. 후자는 초연결과 개인정보보호라는 상호 모순적인 전제들이었습니다.

위의 전제들은 지난 인류 역사와는 사뭇 다른 전개를 예고하고 있습니다. 이전에는 몸 속에 갇힌 '외로운 개체'들이 몸 바깥에 무엇이 있는지, 자신에게 어떤 영향을 끼칠 것인지를 터득해가는 과정이었다면, 이제부터 걸어가야 할 과정들은 모든 것을 이미 알고 있으며 그 모든 것이 '참'된 토대에 세워진 것들이며 지속 가능성을 보장한다는 것을 전제로 함께 무언가를 다루는 과정입니다.

조금 어려울 수 있지만, 우리 몸의 세포라는 관점에서 비유해보겠습니다. 세포들이 각자 살아남기 위해서 발버둥 치다가 혈관과 심장을 중심으로 하는 순환계와 산소를 공급하는 호흡계, 영양분을 공급하는 소화계가 생기면서, 자신의 생존보다는 몸의 생존을 위해 더욱 가치 있는 쓰임을 찾게 됩니다. 인간이 더 이상 몸에 갇혀 살아남는 데 에너지를 소비하지 않고 생존을 전제해줄 토대에서 새로운 가치를 추구하는 개체로 거듭나는 과정이 바로 이렇습니다. 여기서는 그러한 전제들이 최소한의 에너지로 가장 효율적이고 효과적으로 작동하도록 하는 사회적 토대들의 기본 얼개에 관해 이야기를 나눌 것입니다.

다섯 가지 전제에서 해결해야 할 문제는 무엇일까요?

문제 ① 투명한 대행 기능의 가능성

먼저, 많은 사람이 모여 뜻을 조율할 때는 에너지 소모가 매우 큽니다. 의견을 낸 사람들이 알고 있거나 추정하는 것을 읽는 것, 의견을 낸 사람을 과대평가하거나 과소평가하지 않는 것, 의견을 내는 사람들의 욕망이나 요구를 읽는 것, 온갖 법칙들이 반작용[29]하는 가운데 표현되는 의견들을 읽는 데 에너지가 필요합니다. 사람들은 이런 피곤한 에너지 소모를 회피하고 싶어 하기 때문에 뜻을 모으는 일은 쉽지 않습니다.

이런 어려움은 결국 익숙한 의견들만을 취사선택하게 함으로써 여론의 파편화 현상을 초래합니다. 초연결사회에서는 이 현상이 더욱 가속화될 위험이 있습니다. 또한, 이런 현상을 방치하면 여론의 쏠림현상이 일어나며 자칫 편 가르기를 촉발할 가능성도 있습니다.

따라서 자연스럽게 뜻을 조율하기 위해서는 발언자의 속뜻을 투명하게 읽고, 객관적으로 의견을 정리하고, 각자의 의견이 어디에 위치하는지 나타내주는 '투명한 대행 기능'이 존재해야 합니다. '투명한 대행 기능'이 존재하려면 견해 차이에서 같은 맥락을 발견하는 특별한 '차이동일성[30] 발견 기능'이라는 더 세부의 전제가 필요합니다. 이 두 가지 세부 전제가 가능하다면, 의견은 여러 단계의 조건화를 거쳐 조율해갈 수 있을 것입니다.

문제② 신뢰, 투명성과 평판의 오묘함

두 번째, 모인 뜻이 실현되어가는 상태를 실시간으로 확인하려면 상태 기록에 대한 신뢰가 전제되어야 합니다. 생존의 불안에 떨고 있는 사람은 타인이 자신을 대신해줄 것이라는 기대와 믿음을 가질 수 없습니다. 신뢰는 나와 타인의 기대와 결과가 일치한다는 가능성을 믿는 것입니다. 내가 아는 것을 투명성이라 하고, 타인이 아는 것을 평판이라 합니다. 내가 만든 사실관계와 타인이 만든 사실관계를 비교해 내가 믿는 정보를 선택하는 것이 신뢰일 것입니다.

여기에서 반드시 전제되어야 하는 것이 사실관계의 투명성입니다. 그 속에는 사실관계에 관한 패턴 정보[31]가 포함되어 있어야 합니다. 이 두 가지 투명성을 바탕으로 각자의 선택 기준에 따라 신뢰의 정도가 결정됩니다. 이로써 신뢰의 선택에는 수많은 에너지가 가려져 있고, 그런 에너지들 덕택에 얼마나 큰 비용을 절감할 수 있는지가 간접적으로 드러납니다. 신뢰는 일련의 사실관계를 생성하는 연결 네트워크의 결과인 동시에 목적입니다.[32]

이 지점에서 신뢰 형성을 위한 두 가지 공학적 대안이 등장합니다. 첫째는 블록체인[33], 둘째는 증명할 수 있는 권위의 생성입니다. 이는 사실관계 정보를 조작하기 어렵게 함으로써 인위적으로 신뢰의 뿌리를 만들어냅니다.[34] 뭔가를 조작하려고 할 때, 이 같은 신뢰의 뿌리를 조작하지 않고는 불가능하므로, 마치 신뢰의 권위를 분양하는 것과 같은 효과를 기대할 수 있습니다.

이 두 번째 대안도 결국은 블록체인에서 생성되는 것이지만, 독자적인 체인을 형성하는 방식도 제공할 수 있습니다. 다만, 만에 하나 기록을 관리하는 개체들이 연합해 조작할 가능성에 대비한 차단이 필요합니다. 이 부분에서는 블록체인의 특징을 정확히 이해하지 못해 불필요한 보완적 기술들이 우후죽순으로 쏟아져 나오고 있습니다.[35]

이 문제는 '특별한 전제' 하나면 해결됩니다. 어떤 형태든 조작으로 이득을 볼 수 있는 주체들이 존재할 수 없게 한다는 것입니다. 시스템

조작을 불가능하게 하고 기록 관리를 충실히 하는 것이 훨씬 이득이 커지도록 설계하면 됩니다.[36] 이것을 '거래의 중립 관리 및 보안 기능'이라고 명명합니다. 이 기능은 다음 장에서 자세히 설명하겠지만, '신뢰할 만한 인터넷'을 가능하게 하는 핵심 방법입니다.

문제 ③ 디지털 밑지층과 옆지층

세 번째, 머릿속 비즈니스 모델이 실현되기 위해서는 상상하는 것이 생태계의 가치사슬로 연결될 수 있어야 한다는 뜻입니다. 상상하는 모든 것이 생태계에서 표현된다는 점에 회의적일 수 있지만, 모든 것을 메타화할 수 있는 디지털의 관점에서 보자면 불가능하지는 않습니다.

앞서 언급한 것처럼 이 전제는 AI, 로봇 등의 다양한 디지털 기술을 동원해 기계적이고 단순 반복적인 노동을 배제하기 위한 것입니다. 즉 지능적 자동화 개념으로 해석하면 됩니다. 이 개념에 따라 모든 비즈니스는 프로세스들로 프로그래밍할 수 있습니다. 때문에 지능적 자동화라는 개념은 반드시 비즈니스 프로세스에 관계되는 모든 자원이 적재적소에 배치될 수 있음을 전제하며, 이는 얼마든지 기술적으로 지원 가능합니다.

이러한 시각으로 모든 상상은 비즈니스화가 가능한 하부체계의 지원을 받을 수 있어야 하며, 이 전제는 곧 새로운 하부체계에서 생태계의 가치사슬이 확장되어 존재한다는 것을 의미합니다. 특히, 자동화에 필요한 다양한 데이터베이스나 API[37]들은 무한 제공이 가능하며, 여기에 연결된 물리적 시스템은 항상 현재화되어 있다는 것이 전제입니다. 그런 전제 중에서, 모든 유무형의 '것thing'들은 목적지와 제약 사항만으로 이동시킬 수 있다는 전제가 '밑지층'으로 깔려 있고, 그것의 합리적인 이용을 중재하기 위한 '옆지층'의 존재도 필요합니다. 밑지층을 '통합 자율 물류 기능'이라고 명명하고, 옆지층을 '통합 자율 물류 관리 기능'이라고 명명하겠습니다.

문제④　초연결의 전제화와 데이터 자주권

네 번째, 초연결의 전제입니다. 초연결은 앞의 비즈니스를 현재화하기 위한 기본 전제입니다. 상상하는 모든 것을 비즈니스화하기 위해서는 기본적으로 서로 연결되어 교환할 수 있어야 합니다. 그다음으로 상태의 변화나 위치를 변경할 수 있어야 합니다. 이런 무한 연결의 개념을 지원하기 위해서는, 개체로서 활동이 가능한 모든 것에 대하여 '자신'이 원하는 어떠한 형태로든 연결이 가능하다는 것이 전제가 되어야 합니다. 지금과 같은 형태의 단말을 가지고 있든 없든, 연결 거부 의사만 없다면 어떠한 형태로든 연결이 가능합니다. 이 세부 전제는 자신의 위치와 자신의 활동 범위sphere 내에 위치하는 단말의 위치 정보들이 익명으로 관리될 수 있어야 한다는 세세부 전제가 필요합니다. 이 전제를 '익명 연결 대행 기능'이라고 명명하겠습니다.

문제⑤　모든 것이 디지털로 메타화된다는 것

다섯 번째, 개인정보보호 내지는 데이터 자주권 문제입니다. 세상의 모든 것이 디지털로 메타화되는 디지털 혁명기에 이 문제는 다른 어떠한 문제들보다도 중요한 전제입니다. 가장 중요하고 기본적인 토대이므로 당연히 패권의 다툼이 발생합니다. 앞서 말한 데이테 지역주의와 데이터 자유주의, 데이터 자주주의 등이 그것입니다.

디지털 혁명의 핵심은 '지능'의 아웃소싱입니다. 제프리 힌턴 교수의 심층학습법이 세상에 모습을 드러내면서, 지능의 아웃소싱이 본격화되고 있습니다. 지능은 요소들을 바탕으로 하는 다양한 관계와 맥락을 읽어내는 알고리즘과 같습니다.

또한, 아웃소싱된 지능을 사물에 심는 것도 동시에 추진되고 있습니다. 인간의 확장과 사물의 확장이 동시에 추구되는 기저에 지능과 알고리즘이 있고, 그 밑에 공통 요소인 '데이터'가 있습니다. 데이터에는 모든 인격의 프라이버시가 관계 정보와 맥락 정보로 포함됩니다. 이처럼 데이터는 지능 아웃소싱의 재료입니다.

'프라이버시'가 읽힌다는 것은 각 개인의 다양성 생산 공장의 비밀이 읽힌다는 것입니다. 이것은 다양성의 소멸과 같은 의미입니다. 읽을 수 있는 대상의 범위가 넓어 우연성을 기대하는 수준이면 별문제가 없겠지만, 아웃소싱된 지능이 느끼는 방대함과 인간이 느끼는 방대함의 차이가 다르므로, 프라이버시는 보호되어야 합니다. 인류의 진화가 지속 가능했던 가장 확실한 이유가 다양성이기 때문이며, 데이터에서 당연히 '프라이버시'가 제외되어야 하는 이유입니다.

프라이버시가 제외된 데이터는 무한 자유 거래가 가능합니다. 프라이버시와 관련된 데이터, 즉 캡타**38**만을 지역에 가두어두거나 자주적 통제가 가능한 범위에 두는 방식으로 문제를 압축하면 됩니다. 전제는 데이터에서 인격체를 지칭하는 모든 '지시'들, 즉 데이터의 어떤 특징이 누구와 관련 있는 것인지를 제거하는 것입니다. 다만, 특정할 필요가 있을 때는 확인만 가능하면 됩니다. 혹시 모를 매개 변수들이 고정되는 것만 방지한다면, 데이터에서 프라이버시 정보를 제거할 방법은 충분합니다. 이것이 이 마지막 문제의 대전제입니다. 이를 '익명화 기능' 내지는 '프라이버시 관리 기능'이라고 명명하겠습니다.

이 문제에서 빼놓을 수 없는 또 하나의 중요한 전제가 있습니다. 바로 '단말의 독립성'입니다. 과거처럼 컴퓨팅 능력이 '서버Server'의 존재에 의존되는 단말은 배제되어야 합니다. 말 그대로 '독립적 단말Independent Client'이 필요합니다. 예를 들어, 웹 브라우저처럼 그동안 서버에서 작동하던 기능들이 단말에서 독자적으로 작동될 수 있어야 합니다. 이럴 때, 단말의 부분 기능들에 대한 아웃소싱을 선택사항으로 처리할 수 있습니다. 이 문제와 더불어 모든 전제에 대한 실현 방법론은 다음 장에서 자세히 설명하겠습니다.

새로운 생태계를 위한 설계 원칙

우리는 '세상은 만들어지는 것'이라는 기본 전제에서 출발했습니다. 이것은 기본적으로 사회와 문화가 시간이 지남에 따라 어떻게 변하는지, 복잡성의 증감이 변화에 어떤 영향을 미치는지, 그 복잡성을 어떻게 다루는지 등 사회문화적 진화 관점을 유지하는 것입니다. 그뿐 아니라, 진화란 안정화를 위해 자기 조직화를 추구하는 체계적 관점이며 환경과의 조화를 위해 구조적 변화를 꾀한다는 것입니다. 이런 관점은 세계에서 증가하는 복잡성을 어떻게 다룰 것인가에 대해 능동적인 시각을 가지고 문명사를 관찰하게 합니다. 그 관찰로 세상의 사태들을 야기하는 작동들이 존재하고 또 그것과 연결되는 범위를 제한하는 조건을 정의하는 구조가 있음이 발견됩니다.[39]

새로운 생태계의 설계 원칙

다시 한번, 제프리 웨스트를 소환하겠습니다. 우주가 끊임없이 확장하 듯이, 생명의 세계도 끊임없이 확장하고 있습니다. 그것이 임계점을 넘어서면 엄청난 에너지를 소모해야 하는 위기에 봉착하지만, 그때마 다 새로운 문명적 비전이 탄생하며 향상성을 유지해왔다는 유한시간 특이점을 기억해야 합니다. 유한시간 특이점은 구조적 혁신이 일어난 시점으로 해석해도 무방합니다.

유한시간 특이점, 디지털 엔진

세계 인구증가율과 경제성장률이 동시에 꺾이고 있고[40], 기후 문제, 에 너지 문제, 식량 문제, 환경 문제, 물 문제, 자원 문제, 생태계 문제, 전염 병 문제 등이 동시다발적으로 대두되며 위기를 고조시키고 있습니다. 유한시간 특이점 관점에서 보면, 구조적 혁신이 일어나야 하는 시점에 가까워졌다는 것입니다.

다행스럽게도 앞서 언급한 것처럼 인류는 '디지털 엔진'을 획득함 으로써 직면하는 위기를 구조적 혁신으로 넘어설 기회를 확보했습니 다. '디지털 엔진'의 획득 이전에 있었던 또 하나의 중요한 발견은 바 로 양자역학입니다. 이 덕분에 양자세계라는 초미시세계로도 확장이 가능해졌습니다. 바깥으로의 확장뿐 아니라 안으로의 확장도 얼마든

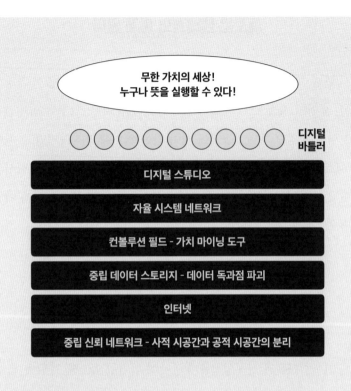

새로운 생태계를 위한 구조적 결합

미래 생태계의 대전제는 다양성 배양을 위한 프라이버시 보호와 인류 공동의 자산인 데이터의 중립적 관리를 기반으로 누구나 자유롭게 디지털 바틀러들과 자율체를 활용해 무한의 가치를 창출하는 것입니다. 그것이 가능하려면, 그 하부에 다양한 계층들이 채워지는 구조적 변동이 필요합니다.

지 있을 수 있다는 시각의 전환입니다.[41] 디지털 엔진은 이 두 가지 방향의 발견이 낳은 멋진 선물입니다. 기계들이 스스로 주어진 일을 더욱 정교하고 정확하게 처리하도록 하는 최고의 엔진이기 때문입니다.

'주어진 일'의 범위를 한정하는 것은 매우 중요합니다. 모든 인격이 존중되어야 한다는 것과 모든 인격의 활동 범위가 무한 확장된다는 것은 서로 부딪히는 가치입니다. 물리적 시공간의 크기만으로는 모든 인격을 담을 수 없는 세상으로 향하고 있습니다.**42** 다행히도 인류는 인격의 메타화와 메타적 시공간의 확장으로 밀도의 문제를 충분히 해결할 방법을 찾게 될 것입니다. 디지털 엔진이 만들어내는 구조적 혁신입니다. 이제 인류에게는 그러한 구조적 혁신을 잘 이용할 새로운 원칙을 세우는 작업이 필요합니다. 그 원칙은 인류가 지금의 문제를 해결하며, 꿈꾸고 희망하는 것들을 실현 가능하게 만들어줄 것입니다. 이러한 이유로 새로운 원칙은 새로운 생태계를 위한 구조의 마련과 같은 의미입니다.

디지털 엔진 설계 원칙 ① 　조율

모든 인격이 참여해 에너지와 재화의 사용 계획을 수립하거나 모든 사회 규범을 정의하려면 관련 데이터를 투명하게 공개해 모든 의견이 투명하게 제출되고 조율되어야 합니다.

범 지구 생명 공동체의 지속 가능성 담보하기, 함께 뜻을 만들고 실현하기 위한 우선순위를 정하고 실현 방법론에 대해 합의하기 등을 위한 첫걸음입니다. 디지털이 가지는 기본 속성인 초연결로 뜻을 신속하게 모으고 피드백 기능을 활용해 의사결정체계의 틀을 전환하기 위한 원칙입니다. 이 원칙을 지원하기 위해서는 투명한 대행 기능과 차이동일성 발견 기능 등이 필요합니다.

디지털 엔진 설계 원칙 ② 비고정

활동하는 모든 인격은 공적 활동공간에서 데이터의 생산에 '특정한 인격'을 지시하는 고정된 지시자indication를 갖지 않아야 합니다. 또한, 이 원칙은 인격에 관한 확인 절차가 필수인데, 이 과정에서 인격의 고유성이 노출되어서도 안 됩니다. 전통적인 삶의 방식에서는 선뜻 받아들이기 힘들 수 있으나, 과거에 흔히 사용했던 아호의 개념을 상황에 따라 확장해 사용할 수 있습니다. 이 원칙에는 익명 연결 대행 기능이나 프라이버시 관리 기능 등이 큰 역할을 담당하게 될 것입니다.

디지털 엔진 설계 원칙 ③ 중립

앞서 말한 '조율'의 원칙에 따라 생산된 데이터는 누구나 차별 없이, 정당한 대가를 지불하고 활용할 수 있도록 중립적으로 관리되어야 합니다.

프라이버시 정보가 배제된 데이터는 인류의 공통 자산으로 활용해야 하는 AI의 학습에 데이터의 독과점 문제로 인한 차별을 방지하는 설계 원칙입니다. 공통의 데이터 자산에서 지능의 가치를 발견하고, 이 지능[43]의 다양성 확보를 위한 노력은 지구 생명 역사의 지속 가능성을 위한 기본 원칙이 되어야만 합니다. 이 원칙에는 '거래의 중립' 관리 및 보안 기능이 큰 역할을 하게 될 것입니다.

디지털 엔진 설계 원칙 ④ 프로토콜

데이터 관리의 중립성 유지를 위해 데이터 조작에 대한 방어 노력,

데이터의 저장과 인출 속도 및 UI/UX 개선에 대한 보상만으로 수익성을 보장할 수 있어야 합니다.

이 원칙은 데이터의 중립적 관리 의무를 포기하고 데이터 조작 등과 같이 불법으로 수익을 창출하는 욕구를 차단하기 위한 것입니다. 앞서 언급된 것처럼 비트코인 체계를 운영하는 블록체인은 데이터의 조작이나 안전관리만으로도 충분한 수익이 보장되는 완성도 높은 메커니즘입니다. 이 토대 위에 신뢰에 대한 권위의 승계 내지는 생성 기능이 완성됨으로써 이 원칙은 더욱 단단해질 것입니다.

디지털 엔진 설계 원칙 ⑤　지능 중립

데이터 속의 의미를 읽어내는 연결 네트워크에서 작동의 조건들로 표현되는 알고리즘 지능과 메타 지능의 자유로운 거래가 일어나도록 하는 지능의 중립성이 확대되어야 합니다.

이는 자본 투입량의 차이로 생길 수 있는 격차를 줄이도록 지능 자체를 보편적 서비스로 제공하기 위한 것입니다. 특정한 지능을 구독 서비스 형태로 제공하는 AI API 비즈니스나 사전 학습된 지능을 거래해 소유할 수 있는 전이학습 비즈니스 등의 보편적 서비스화가 좋은 접근 방식으로 부상할 것입니다. 특히 AI API 비즈니스는 프라이버시 문제로 인해 다양한 비즈니스군이 형성될 것입니다.

디지털 엔진 설계 원칙 ⑥　증강

통신과 인터넷을 이제는 보편적 서비스[44]로 인정하듯 증강augment

정보에 대한 보편적 서비스가 가능해져야 합니다.

이는 증강 현실 서비스의 확대에 따라 발생하는 증강 정보의 격차로 인한 차별을 극복하기 위한 것입니다. 정보 격차 문제로 이해하는 것이 바람직하며, 이것으로부터 새로운 보편적 서비스가 확대될 수 있습니다.

디지털 엔진 설계 원칙 ⑦ 독립성

인격의 보호를 위해 개개의 인격들이 소통을 위해 사용하는 모든 도구는 기본적으로 독립성을 유지할 수 있어야 합니다.

도구에서 작동하는 응용체계들이 개개의 인격이 선택하고 제어 가능한 독자적인 저장체계와 처리체계를 갖추기 위한 것입니다. 기존의 서버/클라이언트 구조의 인터넷 환경은 인격들의 종속이 강제되기 때문에 반드시 개선되어야 할 원칙이며 단말의 웹 환경에 대한 새로운 표준도 요구됩니다.

디지털 엔진 설계 원칙 ⑧ 자동 구현

모든 인격이 각자의 비즈니스 모델을 현재화하고 실행할 수 있는 환경을 제공해야 합니다.

비즈니스 모델의 고유성을 보호하기 위해 개발과 운영을 합친 비즈니스 데브옵스DevOps[45] 자동 구현 환경을 누구나 활용하도록 하기 위한 것입니다. 이 원칙을 지원하기 위해서는 데브옵스 자동 구현 환경에 다양한 API 비즈니스를 수용하는 개방성 유지의 원칙이 동반되어야 합니다.

디지털 엔진 설계 원칙 ⑨　**거래와 지불의 분리**

모든 가치의 거래에서 거래자에 상관없이 대가를 지불하는 것만으로 거래가 완결될 수 있어야 합니다.

이것은 거래와 지불이 분리되어야 하는데, 지불 수단이 지불자 정보와 거래 후의 상태 정보가 허용하는 개체 이외에는 공개되지 않도록 하기 위한 것입니다. 디지털 현금**46**의 무기명성과 확인 불가능성을 디지털 거래 환경에서 가능하게 하는 것입니다.

디지털 엔진 설계 원칙 ⑩　**현지 생산**

물리세계의 시공간을 차지할 모든 재화는 필요한 시공간에서 직접 생산하는 것을 원칙으로 하며, 그러한 생산의 가능성을 사전에 실험할 환경을 제공해 불필요한 재화의 이동 비용을 최소화해야 합니다.

이는 물리세계의 과잉생산에 따른 자원 소모와 환경파괴를 방지하기 위한 적극적인 노력입니다. 새로운 재화 생성 방식에서 대규모의 전환을 의미하는 것이며, 향후 재화보다는 재화에 대한 아이디어나 설계도 자체에 대한 가치 거래가 가능하도록 만드는 역할을 할 것입니다.

디지털 엔진 설계 원칙 ⑪　**순환**

물리세계의 잉여와 불용품, 폐품에 대한 재활용 생태계 구축을 위한 정보 공유 및 수거와 재분배가 가능해야 합니다.

이는 시공간에 항상 존재하는 잉여와 부족의 불균형을 해소하기 위한 정보의 통합과 재생 및 재분배에 대한 적극적인 노력입니다. 이 원칙을 지원하기 위해 통합 자율 물류 및 관리 기능이 중요한 역할을 담당할 것입니다.

디지털 엔진 설계 원칙 ⑫ 전제

정보, 사람, 상품을 포함한 유무형의 모든 사물에 대한 물류체계는 정해진 규칙하에서 운영되어야 하며, 물류체계 밖의 환경과는 독립성을 유지할 수 있어야 합니다.

이는 유무형의 모든 물류에 대한 자율 물류체계를 구축하는 것을 전제로, 정해진 규칙에 따라 운영되어 중립성을 유지하기 위한 것입니다. 허브와 허브 간의 물류체계에서 문 앞에서 문 앞까지 연결하는 물류체계, 나아가 송신자의 현 위치에서 수신자의 현 위치를 연결하는 물류체계로 확장되어야 하며, 이를 위한 다양한 물류의 자율 교환, 자율 재결집, 배송 등의 자율 물류체계를 고도화하는 단계적인 작업이 필요할 것입니다.

위의 설계 원칙들은 기존에 문제 개선의 걸림돌로 작용하는 사항들을 중심으로, 문제 해결을 위해 필요한 전제들에 대한 원칙입니다. 이것의 해결을 공학과 기술에 맡기면, 새로운 세상에 대한 재구성에 집중할 수 있습니다. 공학의 묘미는 기대하는 사태들이 일어나도록 하는 작동들의 정의와 조건을 어떻게 배치하느냐에 따라 달라지는 데 있습니다.[47]

새로운 세상의
필수체계들

계속해서 역사에서 비롯된 인류의 문제를 해결하고, 인류가 궁극적으로 기대하는 세상으로 건너가기 위한 전제들에 대해 이야기하겠습니다. 특히 이것의 밑바탕인 공학이 그런 희망에 대한 답이 될 수 있음을 기억하면 좋겠습니다.

새로운 세상을 그리는 스케치

이제 새로운 세상을 간단하게 스케치해보는 시간을 갖겠습니다. 누구나 존중받아야 할 고유성이 있고, 이를 계발하기 위해 충분히 지원받을 수 있어야 하며, 그 고유성을 기반으로 다양성을 더해 인류의 발전에 이바지하는 세상을 생각해봅니다. 고유성이 충만한 개인이, 사회가 제공하는 '기회'라는 발전기를 가지고, 다양한 자아실현의 장을 이루어내는 세상입니다.

물론 자아실현의 대상은 다양한 층위를 가집니다. 대상이 꿈꾸는 범위나 다루는 문제의 복잡도에 따라 자아실현은 풍요롭게 이루어질 수도 있고 아닐 수도 있습니다. 자아실현의 대상이 아무리 크고 복잡하더라도 그것을 실현하는 데 필요한 자원들을 최소한의 비용 또는 복지 개념의 확대 여부에 따라 변제가 가능한 범위에서 지원할 수 있다면, 얼마든지 가능한 일일 것입니다. 다시 한번 기억해야 할 것은 '디지털 엔진'은 비용이 비싸지 않다는 것입니다. 공학의 부재로 그러한 지원 체계를 몰랐고, 공학이 살아 숨 쉬는 공간이 존재하지 않아 고민하지 않았을 뿐입니다. 이러한 철학을 다음과 같이 그림으로 표현해볼 수 있습니다.

특별한 사다리와 사고 위험 사다리

오른쪽 첫 번째 그림은 지금의 세상을 개념적으로 표현해본 것입니다. 자아실현의 장은 높은 하늘 위의 구름 속에 있는 것과 같고, 그곳으로 오르기 위해 막대한 사교육비를 들여 미래의 행복을 보장하는 사다리를 구입합니다. 그런 기회를 가질 수 없는 경우에는 위험한 사다리를

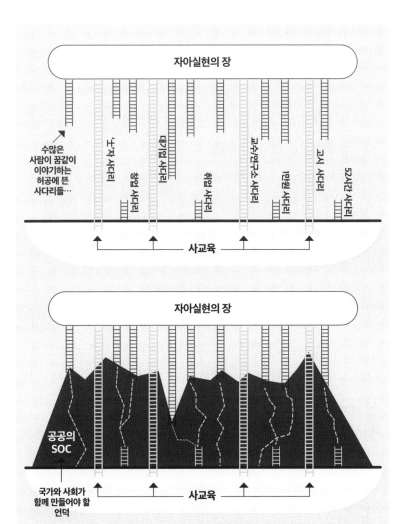

기회의 균등에 대한 새로운 접근 철학

'누적 이득'을 가진 사람만이 자아실현의 장에 쉽게 도달하고, 나머지는 목적지에 닿지 않는 짧거나 부실한 사다리(창업 사다리, 취업 사다리, 1만 원 사다리, 52시간 사다리, 중소기업 사다리)만 주어지는 환경에서는 다양성을 배양할 수 없습니다. 공공의 SOC가 누구에게나 '차별 없는 언덕'이 되어주어야 '기회균등'이라 할 수 있습니다.

타고 힘겹게 올라야 합니다.

또한, 공교육에서는 그런 현실을 도외시한 채, 온갖 장밋빛 미래를 이야기하며 오르지도 못할 꿈같은 사다리를 구름에 걸쳐놓습니다. 또 지상에서는 창업, 취업, 복지 프로그램들을 제시하며 이어지지도 않는 사다리를 걸쳐놓는 현실을 설명하고 있습니다. 그 아래의 두 번째 그림은 누구나 오를 수 있는 언덕을 제공해 각자의 고유성에 기반한 노력만으로 자아실현의 장에 올라설 수 있는 세상의 개념을 표현했습니다. 공적 영역에서 담당해야 할 것은 바로 언덕의 제공입니다. 그것이 바로 SOC입니다.

여기서 21세기형 복지의 개념을 생각해봅시다. 자식을 키우면서 낚시법을 가르치는 이유는 훗날 스스로 살아갈 길을 열어주기 위함입니다. 아무리 장수사회가 된다고 한들, 매번 물고기를 사다주는 것보다는 스스로 물고기를 잡으면서 잡는 재미도 느끼도록 해주는 것이 비용이나 다른 측면에서 다양한 가능성을 열어주기 때문입니다.

낚싯대를 사다주는 것은 낚시하는 요령과 낚시하는 재미를 알게 해주고 음식으로까지 즐기는 새로운 기회를 열어주지만, 물고기를 사다주는 것은 아이가 하나의 물고기에만 익숙하게 될 위험이 있습니다. 그나마 이것은 물고기로 요리하는 법을 가르쳐줄 수는 있지만, 물고기로 만든 요리를 사주는 것은 아이들에게 요리가 있기까지 존재하는 거대한 생태계의 다양성을 깡그리 제외시켜버립니다. 이것은 인격이라는 고유성의 소중함과 그 고유성들이 사회 네트워크로 연결돼 에너지를 응축하는 가치에 관한 이야기입니다.

21세기를 살면서 낚싯대를 사주는 것과 같은 '복지'의 개념은 무엇일까요? 그냥 기회를 툭 던져주는 것을 복지라고 할 수는 없습니다. 세상에는 살면서 경계를 넘어본 경험이 있는 사람과 그렇지 못한 사람이 있습니다. 이 둘의 차이는 기회를 기회로 보느냐 그렇지 않느냐의 차이입니다. 기회를 기회로 보지 못하는 사람에게 기회를 던져놓고 할일을 다 했다고 하는 것은 복지가 아닙니다. 기회를 볼 수 있게 해주는 것까지 복지의 개념에 포함되어야 합니다.

'x+테크' vs. '테크+x'

경계를 자유롭게 넘어설 기회를 주는 복지에는 또 하나의 혼란이 기다리고 있습니다. 기존과의 충돌입니다. 지금 우리는 이런 류의 충돌을 많이 경험하고 있습니다. 어떤 충돌은 사회적 문제로 불거지기도 하고 어떤 문제는 서로 역할을 조정해 타협하기도 합니다. 여기에서 이 두 종류의 충돌 중 어떤 것을 긍정적으로 바라봐야 할지 질문을 던져야만 합니다. 미래를 위해.

후자는 기존 영역의 시장 규모를 확대해 타협점을 찾는 것이고, 전자는 새로운 파괴적 혁신의 가능성을 열어주는 것으로 해석해볼 수 있으므로, 미래 지향적인 관점에서는 후자의 평화보다 전자의 시끄러움으로 접근하는 것이 필요합니다. 테크와 결합된 용어로 풀어보자면, 후자는 'x(기존 기능 영역)+테크', 전자는 '테크+x'입니다. 후자는 x의 생산성을 극대화하는 방향이고, 전자는 테크로 새롭게 시장 질서를 만드는 방식입니다. 이렇기에 x+테크는 기존의 연장이고, 테크+x는 새로운 판의 형성입니다. 나아가 테크+x는 '테크+α'로 변하게 됩니다.

선두를 달려보지 못한 우리, 기회를 스스로 만들어보지 못한 우리는 여전히 테크+x보다는 x+테크를 선호합니다. 그러나 x+테크의 끝에는 항상 앞서간 나라들이 만들어놓은 벽만이 존재할 것입니다. 따라서 테크+x는 우리의 영역을 확장하기 위한 좋은 접근 방식입니다. 테크+x의 입장에서 공공의 영역이 준비해야 할 언덕을 풀어보겠습니다.

'테크+x' 접근 방식 ① 무비용 창업

무비용 창업체계는 무인 회사의 운영이 가능한 클라우드 경영지원 체계를 전제합니다. 여기에는 전 직원을 파트타임으로 운용할 수 있다는 의미도 담겨 있습니다. 그뿐 아니라 온라인상에서도 오프라인상의 시설을 운영할 수 있는 클라우드 디지털트윈 체계를 전제합니다. 클라우드 공간에서 온라인과 오프라인의 혼합 현실 기업 운영이 가능한 메타버스 체계를 전제하기도 합니다. 비즈니스 모델에 따라 다양한 비즈니스 활동들을 API 형식으로 불러 자동으로 기업경영 프로세스를 완성해 운영하는 데브옵스 기반의 RPA **Robotic Process Automation** 체계도 전제되어야 합니다. 모든 컴퓨팅 자원의 사용료는 종량제 방식이어야 합니다.

무비용 창업체계가 원활하게 지원되기 위해서는 서비스 플랫폼 비즈니스 시장과 다양한 API 비즈니스 시장, 클라우드 비즈니스 시장 등의 생태계가 유지되도록 규모의 경제가 실현되는 것을 지원해야 합니다. 나아가 비즈니스 활동에 필요한 다양한 단말 기기들과 단말 플랫폼, OS 플랫폼, 앱 플랫폼, 클라우드 플랫폼, 통신 플랫폼 등에 설치된 각종 소프트웨어에서 불필요한 비용이 발생되지 않도록 하는 네이티브 컴퓨팅Native Computing 환경[48]을 제공하는 원칙도 필요합니다. 이 영역에서도 민간 경쟁 기반의 SOC로 접근할 수 있습니다.

'테크+x' 접근 방식 ② 　네트워크 거버넌스

디지털 거버넌스 지원체계는 모든 사회적 체계에서 사용할 수 있는 의사결정 지원체계로써 기본적으로 전 구성원의 의견을 실시간으로 반영하고 피드백할 수 있어야 합니다. 이 또한 서비스 플랫폼에서 API 형식으로 사용할 수 있습니다.

이 지원체계에서 지켜져야 할 가장 중요한 원칙은 의견의 쏠림이나 편 가르기 현상이 일어나지 않도록 하는 '선 의견 개진, 후 확인'의 원칙입니다. 또 이를 반복해서 수렴해야 합니다. 확인 과정에서는 개진되는 의견들에 따른 판단 기준을 자동으로 생성하고 이렇게 생성된 다차원의 판단 기준 맵과 의견의 위치를 시각적으로 표시해주는 것이 중요합니다. '다지 선택형' 의사결정을 지원하기 위해 선택지 설정에 관한 권한을 위임하는 것과 선택지 설정이 투명하게 공개된다는 원칙을 준수해야 합니다. 또한, 의사결정에 참여하는 구성원의 개인정보는 '영지식 증명Zero-Knowledge Proof 원칙'[49]이 적용되어야 합니다.

디지털 거버넌스 지원체계의 경우, 신분 노출 방지를 위해 기본적으로 개인의 시공간 분리체계와 의사록의 중립 관리체계를 전제해야 합니다. 의사록의 중립 관리체계는 반드시 단말화된 의사록 디스플레이를 전제로 서버/클라이언트 방식의 컴퓨팅에서 나타나는 정보보호의 한계를 사전에 배제합니다. 이 의사록 중립 관리체계는 의견에 관해 불특정 다수가 확인해주는 디지털화된 삼식부기 방식[50]을 전제합니다.

'테크+x' 접근 방식 ③ 지능 거래

지능 거래체계는 데이터의 중립화를 전제로 데이터에 존재하는 정보나 지식을 읽어내는 알고리즘인 지능에 대한 자유로운 거래를 지원하는 방식입니다. 이것은 데이터를 소유하지 않고도 데이터로 학습된 지능 알고리즘을 거래할 수 있도록 함으로써 데이터의 자주권 문제를 해결합니다.

동일한 데이터에 대해 다양한 관점의 지식을 읽어내는 지능 개발의 경쟁 환경을 조성해 사회 전반에 걸쳐 무형의 가치에 대한 인식을 제고해 탈물질세계에서의 개인, 사회, 국가의 경쟁력을 높일 수 있습니다. 또한, 국제 무역 분쟁이 예상되는 데이터 중심의 무역 표준에 해법을 제시해 국제적인 데이터 표준 리더십을 확보할 기회를 제공합니다.

'테크+x' 접근 방식 ④ 통합 가치 교환

통합 스마트그리드 체계[51]는 '어떤 관리 대상'의 잉여와 부족 간의 균형을 자동으로 조절하는 체계를 의미합니다. 그뿐 아니라 '그 관리 대상'을 재활용할 수 있다면, 재활용의 공급 과정과 폐기물 처리 영역까지 포함합니다. 여기는 세상에 존재하는 모든 재화와 용역이 대상이며, 세상 모든 잉여와 부족에 대한 현황 정보로부터 구상 무역과 같은 2차, 3차 균형 조절의 역할로도 개념을 확대할 수 있습니다. 모든 것을 조절하는 게 목표이므로 실질적인 이동을 담당하는 물류체계와의 계층적인 분리가 필요합니다.

통합 스마트그리드 체계는 디지털 거버넌스 체계와 함께 국가와 사회의 운영에서 철저하게 데이터 기반, 국민 중심의 정책을 펼치는 근간이 됩니다. 복지상의 형평성, 지역 갈등, 세대 갈등, 계층 갈등, 사회적 기능의 갈등 문제를 이해관계자들이 동시에 확인하며 해결에 대한 공감대를 형성할 수 있도록 재화와 용역을 제공합니다. 나아가 이런 갈등을 최소화해 불신에 따른 불필요한 비용을 줄이고 긍정 자본을 확대해 국가적 차원의 비용을 줄이고 복지를 확대합니다.

'테크+x' 접근 방식 ⑤ 자율 물류

통합물류 중추체계입니다. 통합물류란 장소의 이동이 필요한 모든 것의 유통을 의미합니다. 재화와 용역의 종류에 따라 이동의 방식이 다를 수 있으므로 제어체계와 복수의 전달계를 통합하는 개념입니다. 통합물류 중추체계는 자율운반체의 자유로운 교환 배송작업으로 현관에서 현관까지 전자동 물류체계로 확장되며, 토목공사나 아파트 내부 시설상의 문제 등 현실적인 제약사항에 따라 지역의 택배함에서 택배함까지의 자율물류체계에서 확장된 개념입니다. 나아가 물류의 환승체계도 전제됩니다.

자율운반체들은 기본적으로 V2X의 표준기능이 전제되어야 하며, 처음부터 고사양 기능을 채택해 기술시장을 선점함으로써 규모의 경제를 실현해 가격을 인하해야 합니다. 이런 접근 방식은 제조 강국의 장점을 활용해 후발국에게 전략적인 진입장벽을 치는 효과도 있고, 자율운반체가 통합물류 중추체계의 인프라 시장을 선점할 수 있게 합니다.

'테크+x' 접근 방식 ⑥ 저렴한 데이터 거래

데이터 종량제 거래체계에서 자유 거래가 가능한 데이터와 불가능한 데이터는 반드시 구분하고 데이터의 중립을 전제해야 합니다. '중립'이란 누구나 같은 규칙에 따라 데이터를 저장하고 불출 상태를 감사할 수 있다는 것입니다. 거래 가능한 데이터는 데이터 생산자를 제외하고 독점을 금지해 저비용의 지능 개발이 가능한 공유 환경을 제공하는 것이 목적입니다. 데이터 공유에 따른 무질서를 사전에 방지하기 위해 데이터는 생산자의 자주권이 보장되는 쓰기와 읽기 같은 소액의 종량제 거래를 전제합니다.

데이터의 종량제 거래와 데이터의 중립적 관리를 맡을 주체가 필요하므로 SOC 개념으로 접근하되, 민간 경쟁 방식이 가능하도록 해야 합니다. 데이터의 중립적인 관리는 말 그대로 불특정 다수가 언제든 관리 상태를 감사할 수 있는 관리이며, 이를 위해서는 관리 방식에 대한 소스코드가 공개되어야 합니다. 또한, 감사 방식에 대한 소스코드도 공개해야 합니다.

이런 방식을 블록체인이라고 하며, 확장성 문제, 데이터 조작 문제,

중립성의 문제 등을 이유로 불특정 다수에게 감사가 개방되는 것을 방해해서는 안 됩니다. 같은 시공간에서 일어나는 사태에 대한 데이터가 중복, 특히 다른 내용으로 저장되는 것을 방지하는 것이 가장 중요한 목적이며, 이를 해결하기 위해서는 특별한 데이터 공증체계의 도입을 구상해야 합니다.

'테크+x' 접근 방식 ⑦   추적 불가 지불

디지털 지불체계는 데이터 종량제 거래체계와 통합해 운영될 수 있으나 데이터의 종량제 거래체계와 분리되어 향후 메타버스 시공간 상의 지불 수단으로 활용될 것을 대비하는 것입니다. 추적 불가능한 '전자지갑' 간의 직접 지불체계에 대한 다양성의 길을 열어놓되, 다양한 지불체계를 통합해 중립적으로 관리할 수 있어야 합니다. 또한, 전자지갑에서도 다양한 지불체계를 사용할 수 있어야 합니다.

디지털 지불체계는 중앙은행이 관리하는 방식, 사설 블록체인으로 관리하는 방식 등 다양하게 존재할 수 있으므로 전자지갑과 디지털 지불체계와 장부의 중립적인 관리가 공존하도록 하는 것이 메타버스 시장 생태계의 유연성 확보를 위해 매우 중요합니다.

'테크+x' 접근 방식 ⑧   시공간 분리

개인 시공간 분리체계는 개인의 사적 시공간과 공적 시공간을 분리할 수 없습니다. 그러나 특정한 아이디로 규정하지 않고 다양한 아이디를 갖는 방법이나 수시로 아이디가 바뀌는 환경을 제공하면 개인의 시공간 분리가 가능해집니다.

예를 들어, 은행의 계좌를 개설할 때도 고정된 아이디가 있어야 한다고 굳게 믿는 사람이 많습니다. 그러나 어떤 아이디를 갖고 있더라고 그 계좌를 개설한 사람이 확실하다는 보증이 있다면, 은행 계좌에도 아이디 대신 '검증된 신분'이라는 자료를 갱신하는 방식으로 얼마든지 관리가 가능합니다. 전화를 걸 때나 채팅할 때도 마찬가지입니다. 실시간으로 내가 통화하고 있는 사람이 내가 생각하는 사람이 맞는지를 누군가가 책임지고 보증해주면, 아무런 문제가 생기지 않습니다. 이런 관점에서 이 체계는 모든 단말 기기, 모든 IoT 기기들을 대상으로 아이디 관리 방식의 변환을 전제합니다.

개인 시공간 분리체계는 데이터에서 개인정보를 제외할 수 있게 해줍니다. 개인정보가 제거된 데이터는 자유로운 거래가 가능합니다. 데이터 지역주의와 자유주의 간의 분쟁도 불필요해집니다. 개인정보가 담긴 정보는 데이터 지역주의 원칙에 따라, 공적 데이터는 데이터 자유주의 원칙에 따라 관리하고, 데이터 자주주의는 데이터 종량제 거래로 실현할 수 있기 때문입니다.

체계는 신이 존재하지 않더라도 발생한다

체계는 신이 존재하지 않더라도 발생한다는 니클라스 루만[52]의 말이 떠오릅니다. 세상에 존재하는 모든 체계는 인위적이 아니라도 만들어질 수 있다는 이야기입니다. 이런 그의 업적은 '인류를 위한 마련'[53]을 본질로 하는 공학에 커다란 영감을 줍니다.

그 영감은 인류가 직면하는 사태에 대응해 시행착오를 줄이는 다양한 지대를 구축하게 해줍니다. 시행착오를 줄이는 길은 직면하는 사태를 정확히 구분해내고 사태의 본질을 정확히 아는 것, 사태의 작용을 정확하게 알아내는 것입니다. 이러한 구조와 작동의 구분과 이에 대한 축적은 기대하는 세상을 만드는 데 큰 지식적 토대가 됩니다. 이런 배경이 줄곧 세상은 만들어지는 것이 아니라 만드는 것이라는 시각을 유지하게 하는 힘이 됩니다. 인류가 밝혀낸 새로운 비밀이 여기에 힘을 보탭니다. 그 힘을 바탕으로 다가오는 세상을 기다리기보다 시행착오를 적극적으로 고치면서 함께 지향하는 세상이 되도록 전략적으로 판짜기를 해야 합니다.

6장

THE MISSION
OF
GENERAL
ENGINEERING

ENG.
ENG
ENG

우리가
꿈꿀 수 있는
희망들

정의에 대한 새로운 패러다임

똑같은 혜택을 주는 평등equality, 동등한 기회를 제공하는 공평equity을 넘어, 누구에게나 장벽이 존재하지 않는 새로운 정의justice를 실현하는 새로운 세상을 만들려는 공동의 노력이 필요합니다. '테크+x'는 담의 높이를 극복하기보다는 담을 철망으로 교체하는 새로운 접근 방식을 제공합니다. **1**

다름이 가치가 되는
희망

우리는 지금 '스토리텔링storytelling'이 강조되는 시대를 살고 있습니다. 스토리텔링은 '이야기로 말하는 것'을 뜻합니다. 타인이 이해하고 알아줬으면 하는 것을 마치 한 편의 영화처럼 생생한 이야기로 설득력 있게 전달하는 것이 속뜻입니다. 왜 이것이 필요할까요? 타인의 감정을 움직여 마음의 문을 열고 교감하기 위해서입니다. 타인의 마음을 움직인다는 것은 여러 사람의 '에너지를 결집'하게 한다는 의미입니다.

말하는 대로 살아지는 세상

인간의 물리적 한계를 극복하는 최선의 방법은 많은 사람이 뜻을 모아 역할을 나누는 것이었습니다.[2] 화폐와 화폐체계가 발명되고, 화폐가 에너지의 교환수단으로 자리 잡으면서 비즈니스 영역에서 스토리텔링이 중요해진 것은 어쩌면 당연할지도 모르겠습니다. 돈이라는 에너지를 모으는 가장 좋은 방법이 스토리텔링이기 때문입니다.

인간은 인간관계를 넓히기[3] 위해 그 에너지를 쏟아부었습니다. 빛에 가까운 속도로 지구촌 누구와도 대화할 수 있게 되었고, 머지않아 '지구촌 일일생활권'을 말할 수 있을 정도로 인간의 활동권은 비약적으로 넓어졌습니다. 또한, 스스로 '지능'을 터득하는 원리를 기계에게 훈련시키는 방법까지 알아냈습니다. 그 기계들은 인간이 바라는 많은 것을 해내게 될 것입니다. 심지어는 각자의 아바타를 만들어 빛에 가까운 속도로 '상상이 실재가 된' 메타버스에서 타인과 교감하는 생활도 예상되고 있습니다. 자연스럽게 '스토리리빙 storyliving'[4]의 시대가 도래할 것입니다.

말하는 대로 사는 세상이 다가오고 있습니다. 인간의 능력이 엄청나게 확장되어 누구나 말하는 대로 모든 것을 현재화할 수 있는 세상. 정도의 차이는 있겠지만 인간의 욕망과 욕구는 분명 그 방향으로 치닫고 있습니다. 함께 인간이 마음먹은 대로 이루어지는 세상을 상상해보면 좋겠습니다.

그 세상에서 '재미'란 무엇일까요? 인간은 확장을 위해 새로운 것을 끊임없이 경험하며 재미를 느끼는 방향으로 몸이 움직이도록 진화해왔습니다. 그럼 스토리리빙의 시대에는 무엇이 새로운 것일까요? 그 기준은 지금과 같을까요? 분명 아닐 것입니다. 누구나 쉽게 생각해낼 수 있는 것은 새로움과 거리가 멀기 때문입니다. 이것이 새로운 발견이나 시도가 가치를 갖는 시대의 도래를 전망하게 합니다.

'다름'이 갖는 위대한 가치

다른 사람의 행동이 뻔하게 예상되는 세상을 생각해보겠습니다. 나 또는 조직, 사회, 국가 밖의 환경이 뻔하다면 그 어떤 움직임도 일어나지 않을 것입니다. 서로의 관계가 단절된 절멸 상태로 갈 것 또한 뻔한 일입니다. 아무런 사건이 일어나지 않고 시간만 흘러가는 상황은 소멸을 기다리는 것과 마찬가지입니다. 그 흐름을 끊고 싶다면, 당연히 '다른 움직임'이 있어야 합니다. 나 하나의 다른 움직임은 다른 모든 것에게도 변화의 환경을 제공합니다. 환경의 변화는 각각의 개체에 다른 반응을 이끌어내고 사람들은 새로운 경험을 축적하며 각각 다른 것을 창조해낼 것입니다. 그 새로운 창조가 타자에게는 소멸이 아닌 생성의 길을 걷게 할 것입니다. 그저 '다름' 하나가 일으키는 현상입니다. 다름의 가치는 실로 위대합니다.

아무리 움직이는 장난감이라고 해도, 장난감의 행동 방식은 정해져 있습니다. 행동이 일어나게 하는 '동작'입니다. 동작이 정해진 종류 내에서만 가능하다면 행동의 종류는 단순해집니다. 또한, 여러 동작이 있다면 많은 행동을 할 수 있지만, 그 동작이 상호작용하는 방법이 정해져 있다면 행동의 종류 또한 제한될 수밖에 없습니다.

여기에서 다양한 행동을 기대하기 위한 조건을 찾을 수 있습니다. 첫째는 아날로그 또는 디지털에서 동작들의 작동 방식과 그 동작의 범위입니다. 둘째는 동작들의 종류입니다. 셋째는 동작들의 상호작용 방식입니다. 상호작용의 규칙으로 우연성을 생각할 수도 있습니다. 이 세 가지에 따라 행동의 종류가 정해집니다.

뻔한 행동과 뻔하지 않은 행동

행동을 유발하는 '동작-작동 방식-동작'의 상호작용 관계를 정의한 것을 공학에서는 '구조'라고 말합니다. 구조가 같으면 행동을 예측할 수 있습니다. 뻔한 행동은 공학적으로 같은 구조에서 일어납니다. 반대로 뻔하지 않은 방법도 공학적으로 해법을 제시할 수 있습니다. 동작을 추가하는 것, 작동 방식의 조건을 다양하게 만드는 것, 그리고 동작의 상호작용 방식을 우연성에 두는 것 등을 고려하면 행동에 대한 결과를 예측하기 어렵습니다.

결국 새로운 동작을 찾고, 새로운 작동 방식과 상호작용 방식을 찾아 의도하는 바에 따른 배치로 뻔함을 피해 갈 수 있습니다. 다른 배치는 다른 구조를 갖습니다. 구조의 차이가 다른 생각을 포함하는 '다른 행동'을 만들어내는 것은 당연합니다.

　앞에서 구조의 차이는 새로운 동작과 작동 방식, 동작 간의 새로운 배치의 차이에서 만들어진다는 것을 알게 되었습니다. 모두 새로운 것의 발견이 곧 그 차이를 만들어내는 시작이라는 의미입니다. 이것은 뻔하지 않은 세상을 만들기 위해 이런 '새로운 발견'을 시도해 다양한 환경을 조성하는 것이 중요함을 말해줍니다. '발견하는 행위의 차이'를 조성하기 위해서는 '발견하는 행위자의 구조'를 달리 만드는 것이 해법입니다.

　그렇다면 이렇게 하는 방법은 무엇일까요? 형태적 측면에서 사람 몸의 물리적 구조는 대동소이합니다. 그러나 생각을 만드는 구조는 열려 있습니다. 아무런 제약이 없는 백지라면 다양한 생각을 하는 구조를 만들어낼 수 있을 것입니다. 해법은 다양하겠지만, 가장 간단하면서도 최선인 답은 인간이 감각에 즉각적으로 반응하지 않아도 생존에 아무런 위협이나 위험이 없다는 체험을 많이 하게 하는 것입니다.

　다음으로는 자신의 생각대로 시도해보며 생각대로 이루어지는 것을 많이 체험하도록 하는 것입니다. 시도에 필요한 모든 것이 공급된다는 전제하에 사람들은 새로운 시도와 체험에 흥미를 붙이고 재미를 느낄 수 있을 것입니다. 이 두 가지는 모두 누군가의 전폭적인 배려의 산물입니다.[5] 그리고 이 배려의 산물은 '다양성'이 될 것입니다. 이러한 관점에서 이 두 가지 기본 환경을 '다양성의 배양 환경'이라고 이름 붙일 수 있습니다.

　우리가 만들어야 하는 세상, 만들 세상은 분명 다양성 배양의 필요

조건으로 작용할 것입니다.[6] 생각을 현재화할 수 있는 세상으로 나아가기 위한 전제는 다양성이기에 서로 다른 생각을 하는 것 자체가 사회의 가치가 될 수 있습니다. 같은 것을 꿈꾸는 경쟁이 아니라 '다른 것을 추구하는 경쟁'이 넘실거리는 세상은 인류의 미래를 위해 반드시 걸어 들어가야 할 새로운 패러다임입니다.

공유 경제의 시대 속 구독 경제

누구나 미래에 대한 걱정이 많습니다.[7] 걱정은 인간을 두 부류로 나눌 수 있습니다. 하나는 AI나 로봇을 잘 다뤄 활동의 자유도를 무한으로 추구하는 사람들이고, 다른 하나는 AI나 로봇이 잘 활동하도록 돕는 사람들입니다. 그러나 이런 류의 걱정은 AI나 로봇이 낯선 지금의 시점에서는 기우에 지나지 않습니다. 물론 AI나 로봇의 생산 및 유지 보수와 관련된 직업을 가지는 사람들도 있겠지만 그들도 미래에는 현장에서 더 많은 AI나 로봇의 도움을 받으며 활동할 것이 분명하기 때문입니다.

걱정을 부르는 또 다른 원인은 AI나 로봇을 사용하거나 소유하는 비용입니다. 인류는 몇 번의 산업혁명을 거치면서 생산성의 극대화와 시장 확대로 생산원가를 낮추는 방법을 터득했습니다. 따라서 이 문제도 걱정할 필요가 없습니다.

그런 경험의 대표적인 산물이 공유 경제 또는 구독 경제의 개념입니다. 최근 독일의 대표적인 자동차 회사인 폭스바겐은 자동차 제조회사를 넘어 시간 단위로 자동차를 구독하는 서비스 회사를 지향한다고 밝혔습니다.[8] 자동차 생산에 AI나 로봇의 힘을 빌려 생산할 가능성이 높아진 만큼 제조를 넘어 자동차를 기반으로 하는 모빌리티 서비스 회사로 전환해 더 높은 부가가치를 창출하려는 움직임입니다. 이것은 자동차 제조에서 생산성을 높이는 차원, 즉 'x(자동차)+테크'의 차원이 아니라, 모빌리티 서비스를 통한 부가가치를 창출하는 자동차의 수급이라는 차원, 즉 '테크+x(자동차)' 차원을 생각하는 사고의 대반전입니다. '테크'를 '생각하는 모든 것을 해주는 것'이나 '불가능을 제거해주는 전제'로 이해해야 합니다. 물론 공학의 판짜기가 우선이지만 말입니다.

'테크+x' 차원의 대반전

이런 사고의 반전은 교육, 복지, 의료 문제에서 모든 것을 개인의 상황이나 특성과 고유성에 맞추는 '테크(맞춤)+x(교육, 복지, 의료 등)'의 실현을 앞당기게 만들어 우리 사회의 다양성을 더욱 높여줄 것입니다. 사고의 반전은 밝은 미래로 가는 중요한 계기입니다. 이것이 누군가 얻으면 누군가는 잃는 제로섬 게임Zero-sum game을 벗어나는 유일한 대안입니다. 한정된 파이를 나눠 먹는 게임이 아니라 새로운 가치를 창출해 다른 파이를 만드는 포지티브섬 게임positive-sum game, 윈윈 게임win-win game을 만드는 전제입니다. 이제 그런 '새로운 다름'에 대한 다양한 꿈을 같이 꾸면 좋겠습니다.

전면 무상 교육에 대한
희망

2016년 3월 9일, 3월 13일, 3월 15일.

이 세 날은 많은 사람에게 미래에 대한 불길한 징조를 느끼게 한 날입니다. 특히, 대한민국 사람에게는 더욱 그렇습니다. 주연은 이세돌과 알파고이고, 배경은 포시즌스 호텔, 인간과 로봇의 바둑 대국이라는 충격적인 영화가 상영되었습니다. 대부분의 사람은 이때까지 '지능'이 무엇인가에 대해 깊게 생각해본 적이 없었습니다. 그저 인간이라는 특별한 존재만이 갖는 재능이라고 생각했을 것입니다. 그런데 이세돌 국수는 연거푸 세 판을 알파고에게 지고, 네 판째 기념비적인 승리를 거두지만, 다섯 판째는 280수 끝에 돌을 던지고 말았습니다.

다름이라는 가치의 발견, 신의 78수

인류사의 기념비적인 사건에서 우리는 다음과 같은 몇 가지 질문을 던질 수 있습니다. 지능이란 무엇인가? 네 번째 판에서 얻은 교훈은 무엇인가? 인간은 무엇인가? 인간은 무엇이 되어야 하는가? 우리는 무엇을 어떻게 해야 하는가?

데미스 하사비스Demis Hassabis가 이끄는 딥마인드는 인간만이 가능하다고 생각했던 지능의 본질을 정확히 꿰뚫고 있었습니다. 알파고에 이어 알파고제로, 알파제로, 뮤제로라는 AI를 발표한 것이 그 증거입니다. 결론부터 말하자면, 지능은 주어진 데이터에서 상황을 파악해 필요한 정보나 지식, 지혜를 밝혀내고 그것을 활용하는 알고리즘입니다. 딥마인드의 AI는 규칙이 존재하는 게임에서 스스로 규칙을 터득하고 승리하는 방법을 알아내는 수준에 이르렀습니다. 데이터를 상황**9**에 맞게 해석한다는 것은 주어진 데이터가 어떻게 생성되는지 안다는 것입니다.

딥마인드의 AI는 아직 사람이 AI가 이해하는 방법으로 알려주어야만 이해가 가능합니다. 사람에게는 '무엇을 가치로 상호작용하는 판'인지를 읽어내는 '장場, field'에 대한 이해력이 있습니다. 이것이 AI와 구분되는 인간의 고유성입니다.

그렇다면 네 번째 판의 승리는 어떤 의미일까요? 바로 '다름'이라는 가치가 발한 순간입니다. 알파고가 학습한 길 이외의 길, 알파고가 다음 스텝을 추정할 데이터가 존재하지 않는 길. 그것이 이세돌 국수가 승리할 수 있었던 '신의 78수'였습니다. 인간은 기억을 기반으로 하지 않고 툭 내던져진 생각, 즉 '인상印象, impression'에서 사고를 출발시키는 능력이 있습니다. 이것이 인간의 두 번째 고유성입니다. 인간은 '그런 인상'을 표현하는 것을 뛰어넘어 원하는 것을 위해 '어떤 인상'이 필요한지 생각할 수 있습니다.[10] 욕망과 욕구를 위해 필요한 인상들을 구상하고 그것을 어떤 순서로 어떻게 보여줄지 결정하는 판짜기 능력이 있습니다. 즉 앞서 말한 '상황'을 만드는 고유성이 있다는 것입니다. 마지막으로, 사람에 대한 교육의 방향성은 사람의 본질적 고유성을 갈고닦는 것이어야 합니다. 이런 교훈에서 미래를 위한 교육은 부의 크기에 상관없이 누구나 '다름'이라는 가치를 키우는 고유성을 자극하는 방향이 되어야 합니다. AI를 지배하는 유일한 길이 바로 그곳에 있기 때문입니다.

AI를 이기는 길

새로운 교육의 길을 걷는 첫 번째 방법은 획일적인 집체 교육의 과감한 폐지입니다. 학교는 함께 소통하고 조율하며 가치를 만들고 확인하는 체험의 장이어야 합니다. 다루는 주제를 한정하는 것은 무의미합니다. 교육의 질적 저하는 어쩌면 그런 주제의 한계 때문에 일어날 수 있습니다.[11] 따라서 국가 교육의 질적 수준은 바로 이 한계를 제거하는 능력에서 결정될 것입니다. 앞서 언급한 '테크'가 기능적인 부분은 모두 해결해줄 수 있다는 믿음이 필요하고 실제로 그것은 얼마든지 가능합니다.

　이러한 새로운 교육을 위해 무엇이 필요할까요? 기본 전제는 누구나 '교육 단말기나 콘텐츠에 차별 없이 접근'해야 한다는 것입니다. 클라우드 시대가 도래하고 가상컴퓨터**12** 기술이 보편화되면, 클라우드 상의 컴퓨터 – 항상 최신의 기능으로 갱신되며 사용한 만큼만 비용을 지불하는 저렴한 컴퓨터 – 를 교육 참여에 따라 받은 인센티브로 대여할 수 있을 것입니다. 이것을 전제로 제일 먼저 '교육 길잡이'가 필요합니다. 지금 알고 싶은 것은 무엇인지 입력하는 것만으로 묻는 이의 이해도 수준을 평가하면서 최적의 자가 학습 코스를 잡아주는 내비게이터를 말하는 것입니다. 두말할 필요도 없이 인터넷의 모든 교육 콘텐츠가 연결되는 것도 필요합니다. 여기에도 교육 길잡이 비즈니스의 틈이 존재합니다. 개인이 다양한 프로그램을 만들어 사설 교육 길잡이 비즈니스를 할 수 있는 시장을 허용해 건전한 경쟁이 일어나도록 할 수 있습니다.

　두 번째는 누구나 쉽게 교육 콘텐츠를 제작하도록 하는 '교육 콘텐츠 공작소의 운영'입니다. 유튜브로 모든 사람이 방송 콘텐츠를 제작하고 배포할 수 있게 된 것처럼, 이젠 인공현실Artificial Reality**13** 기술을 활용해 클라우드 공간과 주문형 3D 제작소, 주문형 디지털공작 키트 등과 함께 물질과 탈물질이 혼합된 인공현실에서 교육 콘텐츠 제작이 가능해질 것입니다. 이 부분에서도 공공 영역과 사설 영역의 건전한 경쟁이 가능합니다. 또한, 교육 콘텐츠의 질적 수준이나 완성도를 평가하는 콘텐츠 감사 기능을 하는 새로운 직업군의 탄생도 생각해볼 수 있습니다.

세 번째는 실제 문제 해결 도구를 제공하는 '실험 플랫폼의 제공'입니다. 교육 콘텐츠 제작에 필요한 기술을 상용화 수준에서 제공해야 합니다.

네 번째는 '평생 교육 관리'입니다. 요람에서 무덤까지 각자의 교육 이수 이력과 프로젝트에 대한 역할 이력을 관리해주는 것입니다. 이력은 개인정보가 노출되지 않는 선에서 공증 확인이 가능하도록 해야 하며 다양성 배양과 배치되는 사태는 차단할 수 있어야 합니다.

미래 교육의 방향성은 뚜렷합니다. 상황 인지력을 키우는 교육, 상황 창조력을 키우는 교육, 문제 해결을 위한 협업력을 키우는 교육, 문제 해결의 체험을 강화하는 교육 등입니다. 어떻게 할 것인지 막막한 상황에서 아무도 움직이지 않는 침묵은 최대의 난관입니다. 그 돌파구를 열어야 하는 것이 국가의 책무입니다.

알아서 챙겨주는
복지에 대한 희망

복지에 대한 논란이 많습니다. 경계를 정하기 어려우므로 어쩌면 당연한 일입니다. 그러나 복지의 개념에서 누구도 부인할 수 없는 것이 '주어지는 것'이라는 의미입니다. 누군가 주어야 한다는 것인데, 국가의 의무를 다하는 국민이라면 반드시 받아야 하는 권리입니다. 복지의 개념을 좀 더 구체적으로 이해하기 위해 영어의 '웰페어welfare'라는 단어를 보겠습니다. 단어 그대로는 '여행 경비가 잘 제공되는 것'이지만, 의미상으로는 운신할 수 있게 하는 기본을 제공한다는 뜻입니다.

필요한 사람을 위한 복지

국가가 시행하고 있는 사대보험인 연금보험, 의료보험, 산재보험, 실업보험은 노령, 질병, 사망, 실업 등으로 운신이 어려워진 상황에 대비하는 기본적인 복지 제도입니다. 장애나 생활 능력 부족 등도 복지의 대상이므로 장애인 지원 프로그램이나 교육 지원 제도, 정보의 격차를 해소하는 제도들을 다양하게 제공하고 있습니다.

그런데 복지 프로그램을 잘 살펴보면, 사람이라면 누구나 겪는 문제임에도 선택 사항처럼 운영될 때가 많습니다.[14] 사람이 사회생활, 경제활동을 할 수 있게 하는 데 필요한 모든 것이 복지의 대상이지만, 처음부터 모든 것을 국가가 뒷받침한다는 것은 생각에 한계가 있었을 것입니다. 한편으로는 복지의 사각지대에 대한 정보 부족을 핑계 삼아 국가가 담당해야 할 영역을 회피할 수도 있습니다.

초연결 디지털 기술의 출현은 신청한 사람을 대상으로 복지를 제공하는 '선택적 지원'이 아니라 필요한 사람을 먼저 발견해 제공하는 '사전적 지원', 따로따로의 '항목별 지원체계'가 아니라 전반적인 지원을 약속하는 '통합적 지원체계'라는 사고의 전환이 필요합니다. 원격지의 상황 정보들을 실시간으로 한곳에서 통합적으로 살필 수 있게 하는 것이 초연결 디지털 기술이기 때문입니다. 이러한 개념으로 잘 알려진 것이 '소득보험'입니다.[15]

초연결 통합 복지체계

디지털이 지원하는 시공간의 장벽을 해소하면 한 사람이 가진 능력을 낭비하지 않고 충분히 활용하도록 한 직장에 얽매이지 않고 시간 단위로 고용할 수도 있습니다. 이러한 고용이 보편화되는 시대를 이른바 '긱 경제Gig Economy' 시대라고 부릅니다. 이 개념을 확대해보면, 아르바이트 또한 '긱'한 경제활동입니다. 소득보험은 이런 모든 경제활동 소득이 있는 사람들을 대상으로 통합된 사대보험을 제공해 규모의 경제를 실현하는 새롭고 멋진 개념입니다.

하지만 이 개념도 디지털 기술의 능력을 충분히 인식하지 못한 것이 아닌가 하는 아쉬움이 있습니다. 디지털 기술은 모든 복지 이슈를 통합해도 얼마든지 그 복잡성을 충분히 감내할 수 있기 때문입니다. 그렇게 되면 '선택적 지원'과 '정형화된 지원'에서 '사전적 지원'과 '맞춤형 지원'이 가능해집니다.

지금까지 여러 측면으로 살펴본 결과, 디지털은 개인정보를 보호하면서 국민들의 현재 상황과 복지 기금의 운용 상황을 관찰해, 복지에 대한 종합적인 판단을 내리는 데 도움을 줄 것이라는 믿음이 생겼을 것입니다. 이런 믿음은 그동안 한계에 매몰되어 있던 사고를 확장해줍니다.

조금 더 나가보면 디지털 기술은 우리가 뱃속에 있을 때부터 적용됩니다. 태아에게 은밀하게 관리되는 아이디를 부여하고 아이의 모든 신체 정보와 건강 정보, 운동 능력 정보 등이 임시 아이디를 기반으로 중립지역에 암호화되어 저장되고(이런 방식은 개인의 신상정보가 노출되는 것을 원천적으로 방지함), 성장 과정에서 생성되는 모든 관리 정보도 중립 지역에 저장할 수 있습니다.[16]

또한, 관리의 영역에서 데이터 마이닝 기술로 영역의 이슈를 정리해 관리할 수 있게 하고, 이슈 단위의 투자 또는 복지 행정의 효과를 판단하도록 개인의 성장에 따른 추이 분석을 가능하게 하고(개인의 신분이 노출되지 않는 상태에서 대가를 지불하고 단계별로 정보를 제공받음), 모든 이슈에 대한 현황과 기간별 투자 계획을 종합적으로 세우고 집행할 수 있습니다.

블록체인 기반의 개인 데이터 은행업

이로써 거대한 개인 데이터 은행업이라는 새로운 시장도 그려볼 수 있게 되었습니다.[17] 은행이지만 지금과 같은 형태는 아닐 것입니다. 누구든지 금융 업무 수행을 감사할 수 있습니다. 블록체인은 이러한 전제를 가능하게 합니다. 이제 '어떻게 실현할 것인가'는 공학의 영역에 맡기면 됩니다.

중요한 것은 개인 데이터 은행이 사고가 나지 않도록 강제하는 규범이나 사고가 났을 경우, 명확한 해결 방안을 제시해[18] 시장의 건전성이 유지될 수 있도록 판을 짜는 것입니다. 그런 데이터 관리의 문제가 해결되면, 복지 문제를 추적하거나 집행을 위해 들여야 할 행정 노력에 드는 에너지도 획기적으로 줄일 수 있습니다. 시스템이 제안하는 복지 실행 주문 사항과 실제 상황을 비교해 조정 주문을 관리 플랫폼에 입력하고, 행정 업무를 대신해주는 AI들이 다시 학습하도록 조치를 취합니다. 여기에도 이슈별 복지 행정 AI를 공부시키는 새로운 직업군이 생겨날 수도 있습니다. 모든 복지 메커니즘이 데이터를 기반으로 하는 AI와 협업하면 전문가의 손길이 닿은 개인 맞춤형 복지로 정착해 나갈 수 있습니다.

맞춤형 의료 복지 플랫폼

예방의학을 기반으로 하는 정밀의료 복지 문제도 몇 가지를 제외하면 같은 방법으로 해결할 수 있습니다. 건강 상태를 체크하는 IoT 디바이스에 가상 아이디를 발급해 건강 관련 데이터를 중립지역에 저장함으로써 앞서 말한 의료복지 플랫폼을 운용할 수 있습니다. 또한 개인 맞춤 건강관리는 사전에 계약을 맺고 개인 건강 정보를 제공하는 디지털 주치의를 통해 진료를 통지받고 실시간 맞춤 조치를 취하는 방식으로도 실현할 수 있습니다. 당연히 이용자의 만족도에 대한 정보는 모든 사람이 실시간으로 검색할 수 있도록 공개해야 합니다. 여기에서도 IoT 디바이스에서 생성된 건강 상태 정보에 대한 공증 영역이 존재하는데, 이 부분도 새로운 비즈니스가 될 것입니다.

이런 가능성에 대한 실험이 거듭된다면, 말 그대로 복지와 세금 제도도 통합될 수 있습니다. 이로써 세금을 충실히 내는 국민은 충분한 맞춤형 복지를 제공받을 수 있으며, 요람에서 무덤까지의 선순환 생태계를 구축하는 가능성을 싹틔울 것입니다.

사고 없는 공장을 갖는 희망

2021년 1월, 근로복지공단에서 운영하는 대전병원과 재활공학연구소가 재활공학에 ICT 기술을 융합하는 방안에 대해 이야기를 나누었습니다. 그중 사고가 반복되지 않게 작업 환경을 구축해보자는 대전병원의 제안이 가장 인상적이었습니다.[19] 디지털트윈 기술을 활용해 원격으로 작업자들이 안전하게 작업할 수 있게 하자는 주문이었습니다. 실제 공작 기계들은 재료만 투입하면 'CAM-CAM의 설계-모델링' 데이터를 기반으로 생성된 작업명령코드에 따라 원격으로 작업이 가능합니다. 따라서 이를 디지털트윈화해 원격으로 실제 작업 과정을 모니터링할 수 있도록 하겠다는 아이디어에 기초한 제안이었습니다.

디지털트윈 맞춤 재활 UI/UX

재료의 불출·운반부터 공작 기계에 재료를 투입·고정·탈착하는 과정까지 자동화해 공장 내부를 완전히 무인화하면 인력 사고를 막을 수 있습니다. 여기에 UI/UX를 더한다면, 신체적인 제약이 있는 노동자라도 숙련된 작업을 할 수 있을 것입니다. 장기적으로 환경을 바꾸어야 하는 일임에는 틀림없습니다.

물론 산업재해를 줄이는 것이 전제되어야 하지만, 이런 장기적인 방향성을 토대로 재활은 4단계로 접근할 수 있습니다. 첫 번째는 참여 재활입니다. 재활 대상자가 자신의 재활 관련 정보를 공유하면서 재활 지원 주체들과 능동적으로 건강한 생활을 추구하는 것입니다. 재활 대상자들의 생생한 경험 데이터들을 공유함으로써 재활 지원의 효율성을 강화하는 접근 단계입니다.

두 번째는 예측 재활입니다. 작업장의 환경 상태나 작업부하에 대한 상태 정보와 근로자의 실시간 생체 정보 등을 바탕으로 불의의 사고가 일어날 확률을 예측해 대비하는 방식입니다.

세 번째는 일반 재활입니다. 사고의 범위나 종류, 신체적 특성이 노동자마다 다름에도 지금까지는 평균이나 중간값을 기반으로 하는 일반적 재활이 중심이었습니다. 이는 재활 비용에 대한 충분한 지원이 이루어지지 않는 현실적 제약 때문이기도 하지만 재활 대상자의 신체적·신경계적·정신적 상태에 맞춘 재활을 시도조차 하지 않은 이유가 더 클 것입니다. 이 접근 방식에는 재활 대상자의 실시간 상태를 감지해 긴장이나 스트레스를 풀어주는 디지털 치료제도 포함됩니다.

마지막으로 예방 재활입니다. 이 방식은 앞서 언급한 것처럼 첨단 기술을 활용해 작업자들이 위험한 작업 환경과 원천적으로 거리를 두게 하는 방식입니다.

이런 단계적 접근에는 다양한 분야가 학제적으로 참여해야 하지만 무엇보다 모든 상황을 한곳으로 모아 공유하고 분석하는 과정을 포함하는 정보화, 자동화, 지능화의 점진적인 도입으로 모든 작업자에게 맞춤형 재활 환경 및 작업 환경을 제공하는 것이 우선시되어야 합니다. 이런 접근 방식에는 당연히 비용이 듭니다. 그럼에도 점진적으로 사고를 줄이고 사고 후에도 노동력이 유지된다는 것, 그리고 새로운 일자리 창출과 관련 산업의 육성 및 활성화가 덤으로 얻어진다는 큰 효과가 있을 것입니다.

새로운 SOC, 3D 제작도구 플랫폼

유니티Unity는 3D 비디오 게임 개발 엔진이자 3D 애니메이션과 건축 시각화, 가상현실 등 인터랙티브 콘텐츠 제작을 위한 통합 제작 도구 플랫폼입니다.[20] 이런 3D 제작 도구 플랫폼이 공공을 위한 SOC로 제공된다면, 다양한 기계 제조사들은 자신들의 기계를 디지털트윈화하는 과정에서 비용을 절감할 수 있을 것입니다. 공작 기계의 제어모듈에 생성되는 데이터를 디지털트윈으로 보내는 IoT 인터페이스 디바이스가 결합된다면, 빠른 시일 내에 디지털트윈의 골격을 갖출 것입니다. 이런 기반은 산업계에서 준비 중인 전사적 자원관리 시스템, 생산관리 시스템, 제품수명 관리체계, 공급망 관리체계 등 산업표준에 따라 신속한 스마트공장을 실현할 길을 제공할 것입니다.

이런 체계를 갖춘 후에, 각 시스템 전체 공정에 대한 지능화를 추가해 산업현장의 스마트화를 빠르게 달성할 수 있습니다. 디지털트윈화, IoT 인터페이스, 산업표준화 등의 세 가지 병목을 해결하는 복잡도는 그리 높지 않기 때문에 접근 방식에 대한 사고의 전환만 이루어지면 산업현장의 현대화뿐 아니라 생산성 향상과 불필요한 비용 절감까지 해결해 공작로봇의 도입이 힘을 받을 수 있을 것입니다.

‘디지털트윈’의 정교함이 발현되는 스마트 공장

이런 스마트 공장의 도입 내지는 산업현장의 현대화에서 공장의 지능화는 AI 엔지니어들만으로는 해결이 불가능합니다. 공장 지능화의 핵심은 공정에 대한 이해도이기 때문입니다. 전체 공정이 어떻게 구성되는지, 각 공정마다 관리 대상은 무엇인지, 관리 대상의 복잡성은 무엇인지, 공정과 공정 사이에 필요한 커뮤니케이션의 형식과 내용은 무엇인지, 작업 과정에서 숙련공들의 고도의 경험치에 기반해 일어나는 의사결정은 어떤 것인지 등에 대해 포괄적으로 이해해야 AI의 도움을 받을 수 있습니다.

여기에 더해 작업자들이 디지털트윈으로 실제 공작 기계를 원격지에서 모니터링하고 제어하는 방법에 대한 영감을 얻고 자사 제품의 서비스화 영역까지 비즈니스를 확장하는 역량을 배양할 수 있습니다.[21] 생산성을 높이고, 불필요한 비용을 줄이고, 노동력의 단절 없이 지속적인 역량을 강화해 제품의 기능을 높이고 비즈니스를 확장하는 접근 방식은 사고의 전환이 가져다주는 엄청난 효과입니다.

로봇이 돈을
벌어다 주는 희망

우린 이미 로봇들이 돈을 벌어주는 환경에서 살고 있습니다. 개념을 확대하면 스스로 움직이는 자동화 기계도 로봇에 해당합니다. 예약된 시간에 따뜻한 밥을 짓는 전기밥솥이나 우리의 노동을 대신하는 기계의 도움으로 우리는 그 시간에 다양한 정보들을 살피며 생존에 도움이 되는 새로운 기회와 만납니다. 몸이 필요한 과정에 종속되어 있어야 할 시간에 자유롭다는 것은 기회비용을 절감하는 대표적인 예입니다. 비용의 절감은 곧 소득으로 연결됩니다.

로봇 노동력은 한계체증법칙의 세계

도래할 세상에서의 기회는 한계체증법칙, 즉 투입이 늘어나면 늘어날수록 산출량이 기하급수적으로 증가하는 현상이 일어나는 새로운 가치생산의 법칙이 적용되는 탈물질세계와 연결될 기회를 의미합니다. 이처럼 돈을 번다는 개념은 꼭 노동을 의미하지는 않습니다. 돈을 써야 할 상황에서 쓰지 않아도 되는 상황도 포함합니다. 기회비용을 절감하는 것도 돈을 버는 것과 같기 때문입니다.

결국 돈을 번다는 것은 다양한 일을 할 수 있는 잠재력을 만든다는 것과 같은 개념입니다. 그럼에도 물질세계에 오랫동안 익숙해진 사람은 돈을 벌어야만 돈을 번다는 인식에서 쉽게 벗어나지 못하는 것 같습니다.

로봇이 돈을 벌어주는 세상이라고 하면 누구나 로봇이 사람이 하는 육체노동을 대신하는 것을 생각할 것입니다. 그러나 여기에도 사고의 반전이 필요합니다. 앞으로의 시대에는 다양한 크기와 용도의 무인 이동체나 로봇들이 탄생할 것입니다. 그러나 그것을 구입하기보다는 구독[22]이 보편화될 수 있습니다. 다시 말해서 사람을 대신할 로봇의 노동력은 엄청나게 싼값에 이용할 수 있어야 합니다. 한계비용 제로사회[23]에서 가능한 사고의 반전입니다.

직원이 없어도 AI와 로봇의 도움으로 1인 창업이 얼마든지 가능합니다. 심지어 매장이 없어도 됩니다. 간략하게 패션 비즈니스 영역을 예로 들어보면 이해가 쉽습니다. 생산 공장과 의류 디자이너들이 연결된 의류 제조 플랫폼이 의류 제조의 전 공정을 원스톱으로 대행해주기 때문에 아이디어만 있으면 얼마든지 상품을 기획할 수 있으며, 온라인 쇼핑몰과 의류 피팅 AI의 지원을 받으면 상품 기획부터 유통의 전 과정을 혼자 진행할 수 있습니다.

결국 로봇이 보이지 않게 돈을 벌어주는 역할을 담당하고 있습니다. 실제로 스타벅스는 AI를 활용해 고객의 성향을 파악하고 날씨와 매장 위치와 시간대별로 최적의 메뉴를 추천하며 사이렌오더와 드라이브스루 주문으로 매출을 크게 높였습니다.[24] 이 두 사례를 바탕으로 제조 플랫폼[25] 기술과 고객 맞춤형 주문 AI 기술을 활용하면, 많은 영역에서 1인 창업의 활로가 열릴 것입니다. 동시에 제조 플랫폼과 연동된 스마트공장의 가동률이 높아진다면 많은 영역에서 로봇이 돈을 벌어다 주는 세상을 쉽게 이해할 수 있습니다.

79억 소비자를 위한 초연결 물류

이런 전망을 가능하게 하는 또 다른 전제가 있습니다. 바로 초연결에서 비롯된 79억 소비자의 단일시장을 커버하는 생산성 확대와 글로벌 물류체계의 파괴적 혁신[26]이 가지고 올 신개념의 글로벌 SOC 구축입니다. 이런 두 가지 전제는 미래가 분명 전 세계 인구 측면에서는 단일시장이며, 개성의 측면에서는 무한 크기의 시장 세분화 현상임을 상상하게 해줍니다.

사고의 반전이 일어나는 현장에는 언제나 새로운 SOC들이 출현합니다. 사람의 육체적 노동력이나 단순 반복적인 정신적 노동력을 대신할 AI나 로봇 제조 산업, 또 이를 기반으로 하는 다양한 디지털 SOC 산업이라는 선순환 생태계의 구축과 작동 등이 여기에 포함됩니다.

이런 전망에서는 사람들에게 전혀 새로운 개념의 노동이 요구됩니다. 특히 아이디어, 콘텐츠, 최적의 의사결정, 인지 감수성 기반의 정신노동이 강조될 것입니다. 과거처럼 시간과 공간에 종속되는 노동의 형태가 아닙니다. 그동안의 노동에서 상대적으로 중요하게 다루지 않았던 정교한 정신노동을 바탕으로 하는 민첩하고 섬세한 육체노동을 강조합니다. 이러한 아름다운 영역의 발견은 자연스럽게 그 아름다움에 더욱 가까이 다가가고자 하는 탁월함이 뒤따르게 됩니다. 여기에서는 새로운 서비스에 따른 고객의 체험을 경험으로 자리 잡게 하며, 그런 경험들이 쌓이면 전혀 상관없을 것 같았던 비개연적인 것들 간의 새로운 관계성도 발견하게 됩니다. 그것이 곧 비즈니스의 비법입니다. 그 비법들은 또한 로봇들의 차이를 생성하기 때문에 로봇의 교육[27]이라는 비즈니스도 덤으로 열립니다. 로봇이 돈을 벌어주고 덤으로 사람이 또 돈을 벌 수 있는 환경을 상상할 수 있는 좋은 예입니다.

대기업과 경쟁하는
소상공인의 희망

1인 창업가 혹은 소상공인이 '대기업과 경쟁한다'는 말이 허무맹랑하게 들릴지도 모르겠습니다. 그러나 미래에는 그것이 결코 허황될 수만은 없을 것입니다. 대기업과 중소기업의 본질적 차이는 바로 총요소생산성의 차이이므로 공공의 영역에서 이를 지원해주는 환경이 구축된다면 대기업과의 경쟁은 언제나 신나는 일이 될 것입니다.

허무맹랑함이 곧 경쟁력

앞서 언급된 제조 플랫폼 기반의 창업이 좋은 예입니다. 오히려 민첩성의 측면에서 중소기업이 더 이점을 발휘하는 상황이 전제될 수 있습니다. 중소기업은 규모의 측면이나 깊이의 측면에서 대기업과 차이가 날 뿐, 특정한 시장 세분화 영역에서는 얼마든지 경쟁력을 가질 수 있기 때문입니다.

다음 장의 그림은 기업들의 시선의 높이에 따라 접근할 수 있는 시장의 크기를 개념적으로 설명하는 것입니다. 기기에 눈높이를 맞추면 그 속에서 작동할 앱을 중심으로 하는 시장의 크기를 고려할 수 있습니다.

그러나 이런 발상에는 앱을 작동할 수 있게 하는 하드웨어적/소프트웨어적 환경과 그들을 존재하게 하는 시장과 산업이라는 거대한 울타리가 전제되어 있습니다. 산업 생태계라는 차원으로 올라가면, 생태계에 존재할 다양한 이해관계자들을 조율하며 시장을 끌고 가는 힘이 필요합니다. 이것이 대기업과의 경쟁을 어렵게 만드는 이유입니다. 중소기업은 그런 생태계라는 네트워크를 유지할 힘이 존재하지 않기 때문입니다. 그래서 대기업과의 경쟁에서는 새로운 산업이 먼저 등장해야만 합니다.

그것을 가능하게 하는 미래가 다가오고 있습니다. 신생기업들이 새로운 산업 생태계를 거머쥘 수 있게 하는, 오히려 촉진하는 환경이 하나둘씩 만들어지고 있고, 또 그런 사례들이 축적되고 있습니다. 다양한 유니콘들의 출현이 좋은 증거들입니다.

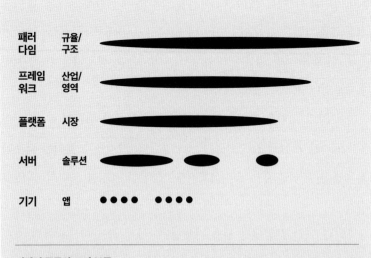

패러 다임	규율/ 구조	
프레임 워크	산업/ 영역	
플랫폼	시장	
서버	솔루션	
기기	앱	

시장의 종류와 크기 분류

시장의 크기는 개별적인 상품 차원보다는 그 상품이 작동될 수 있는 환경 차원으로, 환경 차원보다는 환경과 환경을 통제하는 시장 차원으로, 시장 차원보다는 시장을 움직이게 하는 산업 생태계 차원으로, 산업 생태계 차원에서 새로운 가치 생산 방식의 차원으로 시선의 높이를 조정해갈 때, 통제할 수 있는 규모를 키워나갈 수 있습니다.

애플의 패러다임 창출 마력

이런 특이한 현상들이 일어나는 이유를 이해할 필요가 있습니다. 그 속에 중소기업들이 대기업과 경쟁할 수 있는 힌트가 있기 때문입니다. 그 힌트를 찾아가는 길의 최고의 안내자는 두말할 필요도 없이 '애플' 입니다. 애플이 거대기업으로 탄생할 수 있었던 핵심은 다음과 같이 몇 가지로 정리할 수 있습니다.

첫째, 집이나 사무실이 고객이던 시절, 사람에 초점을 맞춘 비즈니스의 장을 개척한 것입니다. 둘째, 물질형 재화 시장 대신 비물질형 재화 시장을 본 것입니다. 아무도 비물질형 시장에 관심을 기울이지 않을 때, 애플은 새로운 시장을 선점하기 위한 말뚝박기에 온 힘을 쏟아부었습니다. 셋째, 대행자에게 거래를 맡기지 않고 직접 고객과 거래하는 방식입니다. 넷째, 선두주자가 존재해 장악하기 힘든 TV나 신문이 아니라 손바닥 디스플레이로 눈을 돌린 것입니다. 다섯째, 이 모든 것을 위해 디지털의 디지털을 추구한 융합 단말인 아이폰을 탄생시킨 것입니다. 여섯째, 함께 시장을 구축해줄 세력을 흡수하기 위해 앱스토어App Store라는 새로운 시장을 개척한 것입니다.

애플은 기존의 산업 생태계와 충돌하는 모든 지점을 제거하는 패러다임에서 많은 세력이 함께 움직일 수 있는 판을 멋지게 짜 보였습니다. 경쟁이 아니라 독점할 수 있는 시장을 특별한 관점으로 찾아내고 다듬은 것입니다. 한국의 카카오톡 또한 마찬가지로 인류의 보편적 욕구를 채우는 독특한 개성의 소셜 네트워크 시장을 개척했습니다. 여기에 우리가 놓치지 말아야 할 중요한 경영 전략이 숨어 있습니다.

애플의 성공가도는 기업 경영 전략과 밀접한 축적 모델을 통해 설명할 수 있습니다. 애플은 외부에 있는 자사의 스튜디오를 개방해 누구나 그곳에서 비즈니스를 펼칠 수 있는 독립적인 생태계를 구축했습니다. 파트너들의 다양한 실험 결과들을 고스란히 자사에 축적할 수 있는 체계를 갖춘 것입니다. 지금 폭발적인 성장을 보이고 있는 아마존의 전방위적인 개방 전략도 이와 맥을 같이합니다.[28] 자신들의 여유로운 방대한 IT 자원을 클라우드화하고 온라인 주문 처리 시스템을 개방해 기업 활동에 필요한 자원이 부족한 중소기업이나 협력사들과 상생의 전략을 추구합니다.

애플의 성공 모델, 스튜디오

파트너들은 이렇게 스튜디오를 통하기만 하면, 비즈니스 활동을 하면서 겪을 위험을 줄이고 다양한 실험의 결과들을 곧바로 공유하면서 경쟁력을 유지할 수 있습니다. 이것이 애플이 새로운 비즈니스 생태계를 탄생시킨 비결이었습니다. 생태계 네트워크를 자기중심적으로 형성하는 플랫폼을 준비한 것이 핵심입니다.

애플과 아마존의 경영 전략 및 체계에서 공공 영역의 운영 전략과 체계에 대한 힌트를 구할 수 있습니다. 첫째는 공공체계 또한 당연히 개방형 구조를 가져야 한다는 것이고, 사람들의 경험을 고루 공유하는 구조를 가져야만 한다는 것입니다(그림의 모델 e). 둘째는 공공의 개방 스튜디오에서의 경험을 민간으로 확산할 체계를 고민해야 한다는 것입니다. 개방형 스튜디오 방식의 경영을 경험하지 못한 기업들이 향후 독자적인 비즈니스 생태계의 역량을 배양할 수 있도록 경험을 축적하는 체계에 대한 고민도 더해져야 합니다.

그 방법 중의 하나가 각자의 고유한 역할을 모아서 대규모 체계로 운영하도록 하는 마이크로서비스 아키텍처[29] 기반의 체계입니다.[30] 이는 결정적인 역할을 할 수 있는 중소기업이나 벤처기업, 심지어 개

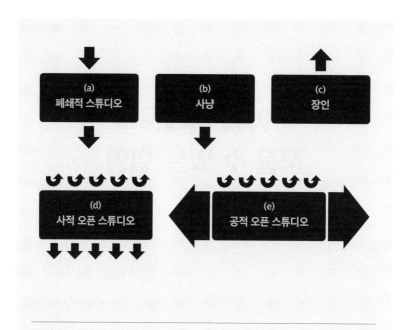

축적 모델

(a) 잘 준비된 스튜디오를 기반으로 외부의 아이디어를 내부로 축적하는 방식, (b) 사냥으로 축적하는 방식, (c) 장인들이 외부로 빠져나가지 않도록 하는 방식, (d) 사적 목적의 스튜디오를 기반으로 외부의 자유로운 참여를 허용하며 상호 발전하는 축적 방식, (e) 공공 목적의 스튜디오를 기반으로 외부의 자유로운 참여를 통하여 파트너들에게 축적하는 방식을 뜻합니다.

인들까지도 참여할 수 있는 방식입니다. 마이크로서비스의 역할을 정확하게 측정해 수익을 투명하게 분배할 수 있기 때문에 재투자 여력이 없는 다양한 형태의 기업들에게 역량을 쌓는 기회를 제공할 수 있습니다.

함께 미래를
꿈꿀 수 있는 희망

'함께'라는 단어에는 '나' 이외를 생각할 수 있는 여백이나 여유가 있습니다. 그 공간은 곧 인내로 연결됩니다. 잉여가 부족으로 바뀌어도 다시 잉여로 회복될 수 있다는 믿음을 내포한 단어입니다. 나아가 잉여에서 부족으로, 부족에서 잉여로의 전환을 반복해서 경험하면, 이러한 순환 과정을 하나의 패턴으로 받아들여 생명 유지 메커니즘으로 내재화할 수 있습니다.

슈퍼풀의 선순환체계

우리는 이것을 '항상성'이라고 부릅니다. 항상성은 고유한 불안정성[31]을 안정한 상태로 받아들이는 힘을 가지고 있습니다. 마치 건물 옥상의 수조 탱크에 물을 자동으로 채우는 방식과 유사합니다. 이 항상성에는 성질을 유지하게 하는 전제가 반드시 존재합니다. 부족하면 채우는 메커니즘이 작동하고 채워지면 부족해질 때까지 가만히 기다려도 아무런 문제가 일어나지 않습니다. 이런 전제는 '나눔'이라는 전혀 새로운 가치를 잉태시킬 수 있습니다. 앞서 여러 번 언급했지만, 인류사에는 반성하는 시간으로 새로운 가치를 생산한 경험들이 축적되어 있습니다. 함께 꿈꾸는 미래도 그런 경험이 주는 선물일 것입니다.

복잡한 현재의 문제를 해결하고 미래로 나아가는 과감한 방법이 있습니다. 지구촌의 모든 잉여들을 한곳에 모아 부족한 곳에 재분배하는 슈퍼풀Super-pool이 그것입니다. 어떤 방법으로든 잉여를 자동으로 풀에 모으고 또 어떻게든 그 안에서 부족한 곳으로 재분배해준다는 전제를 해보겠습니다. 그 전제는 정치와 정책과 공학이 해결한다는 전제의 전제를 해보겠습니다. 그러면 지구촌에는 적어도 물질적인 것으로 갈등이 일어날 일은 사라질 것입니다.

그것을 전제로 슈퍼풀의 실현과 필요(에너지, 식량, 자원, 물 등 생명 활동에 필요한 모든 것)를 만드는 새로운 방법이 가능하다면, 인류는 또다시 한 계단 높이 올라서서 더 밝은 미래를 꿈꾸게 될 것입니다. 이런 희망에 가득 찬 전망을 과감하게 할 수 있는 것은 인류가 터득한 지능을 폭발적으로 증폭시켜준 AI를 개발했기 때문입니다. 그동안 인간들이 해왔던 지난한 과정을 AI와 로봇이 대신해줄 수 있습니다. 슈퍼풀은 다음 장에서 자세히 설명할 슈퍼 자율 물류 네트워크**Super Autonomous Logistics Network** 개념으로 얼마든지 실현 가능합니다.

슈퍼풀로써의 게놈 지식

또 하나는 게놈에 대한 지식입니다. 활동체에 대한 게놈 지식뿐만 아니라 모든 물질에 대한 게놈 지식이 풍부하게 쌓여 있고, 그 지식을 바탕으로 새로운 물질이 생성될 가능성이 커지고 있습니다. 인류는 이미 유전자로부터 RNA를 전사하는 방법을 밝힌 후, RNA를 제조할 수 있는 단계에 이르렀습니다. 광의의 새로운 물질과 활동체의 제조에도 로봇과 AI의 도움은 필수적입니다.

우리는 그러한 새로운 가치들이 기대하는 방향으로 작용할 수 있도록 선순환 생태계를 구축하는 일을 해야 합니다. 물질의 결핍에 대한 문제가 해결된다는 전제하에 잉여자원 탄소배출권 교환으로 이동할 수 있을 것이며, 이로써 선순환 생태계도 촉진할 수 있습니다.

이런 접근은 거대한 글로벌 SOC의 탄생을 가능하게 할 것입니다. 그뿐 아니라 자원 부족 문제를 해결하면 자연의 파괴 금지를 규범화하고 대신 도심 재개발이나 재생 활동을 촉진할 수도 있습니다. 생존과 안전에 대한 문제 해결은 유발 하라리가 지적한 질병과 기근과 전쟁에

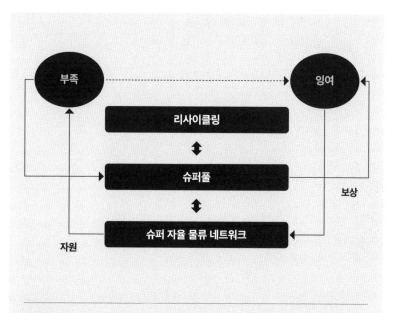

슈퍼풀

물질세계(데이터 포함)의 모든 상품은 디지털 엔진의 도움으로 모든 정보의 공유와 함께 논리적인 하나의 슈퍼풀에서 관리할 수 있습니다. 여기에서 부족과 잉여에 대한 정보를 실시간으로 볼 수 있기 때문에 슈퍼 자율 물류 네트워크의 도움을 받아 실시간으로 재분배가 가능합니다.

대한 인류의 통제력을 크게 확대시킬 것입니다. 이 통제력은 결국 인류 모두가 함께 밝은 미래를 꿈꾸게 할 것이 자명합니다.

7장

THE MISSION
OF
GENERAL
ENGINEERING

다가올 미래에
떠오르는
투자 대상들

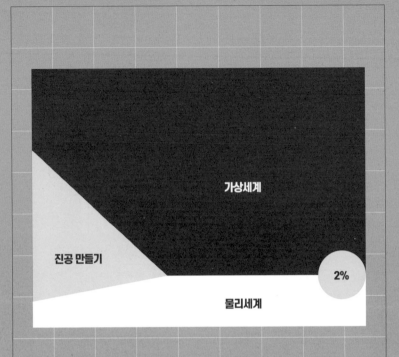

가상세계

진공 만들기

2%

물리세계

세계에 진공 만들기

우리나라의 경제 규모는 전 세계의 2퍼센트를 넘어서지 못하는 수준입니다. 물리세계와 가상세계로 나누어진 지금의 글로벌 경제 시스템에서 2퍼센트의 벽을 넘어서기가 쉽지 않습니다. 그 벽을 돌파하는 유일한 방법은 새로운 구조의 메타버스 시대에서 시장의 한 축을 장악하는 것입니다. 새로운 축을 장악하기 위해서는 새로운 세상의 틀이 시작될 때 나타나는 태풍의 눈과 같은 진공 속에 똬리를 틀어야 합니다. 그것을 '진공 만들기'라고 합시다. 그 진공 만들기의 성공 여부에 따라 물질과 자본 중심의 세상에서 콘텐츠와 팬덤 중심의 세계로의 전환에 빛을 발할 새로운 주인공이 결정될 것입니다. 진공 만들기를 위한 토대에 인식 공유가 절실히 요구됩니다.

제1유형: 슈퍼 자율 물류 네트워크[1]

'슈퍼 자율 물류 네트워크'. 긴 이름에 여러 가지 개념이 얽혀 있습니다. 이것은 물류 네트워크가 스스로 규칙을 다듬어가며 작동하는 것이기에 자율이라는 단어가 붙습니다. 그러한 네트워크는 '대상'에 따라 다양하지만, 그것을 통일된 방식으로 통합한다는 의미에서 '슈퍼'라는 단어가 붙습니다. 이것은 정보를 패킷화[2]해 송신지부터 수신지까지 전달하는 통신 네트워크의 개념을 확장한 것입니다. 정보를 싸는 꾸러미를 '패킷'이라고 하는데, 사물들을 실어 나르는 자율주행차나 자율운항드론을 패킷으로 생각하고, 이를 전달하는 과정에서 자율 물류 네트워크를 통합하는 새로운 개념을 만들 수 있습니다. 사물의 개념에는 디지털 굿즈도 포함되며, 배터리, 물, 음식 등 규격화된 화물과 사람도 포함됩니다. 사물의 종류에 따라 별도의 물리적인 전달 네트워크를 가질 수 있으나 사물의 전달에 필요한 이동, 교환, 리패키징 등을 자동으로 제어하기 위한 통합 제어 네트워크는 반드시 전제되어야 합니다.

이상적 행위자 네트워크 모델

기존 물류 네트워크는 슈퍼 자율 물류 네트워크의 고객 개념으로 결합됩니다. 물류 플랫폼 비즈니스와 상호연동체계를 갖고, 배송체계의 자

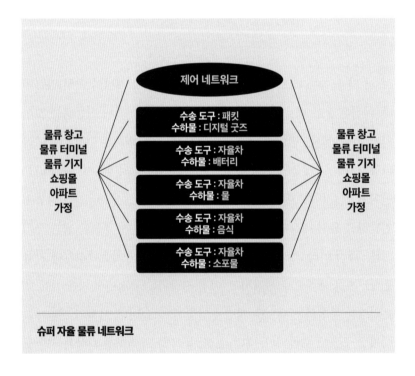

물류 창고
물류 터미널
물류 기지
쇼핑몰
아파트
가정

제어 네트워크

수송 도구 : 패킷
수하물 : 디지털 굿즈

수송 도구 : 자율차
수하물 : 배터리

수송 도구 : 자율차
수하물 : 물

수송 도구 : 자율차
수하물 : 음식

수송 도구 : 자율차
수하물 : 소포물

물류 창고
물류 터미널
물류 기지
쇼핑몰
아파트
가정

슈퍼 자율 물류 네트워크

율화로 기존 물류 네트워크의 생산성 향상이라는 1차적 변화를 충분히 경험할 수 있을 것입니다. 여기에 풀필먼트[3] 체계 내의 단계적인 자율화가 적용된다면, 주문부터 배송 전 구간의 자율 물류체계로의 진화를 준비할 수 있을 뿐 아니라, 이를 통한 잉여 에너지의 산출로 물류 네트워크 비즈니스 자체를 고도화할 수 있습니다. 나아가 제조업에서 제품 생산과 마케팅에 집중하도록 해줌으로써 제조업의 한계생산비용을 최소화할 수 있습니다. 이것은 인프라 또는 SOC가 갖는 특성을 떠올리게 하는 부분입니다.

메타버스 세계의 디지털 상품

배송 비즈니스도 지금의 배송 사업자들이 비즈니스의 우선권을 갖고 자율주행차 및 자율운항드론의 지입 비즈니스를 돕습니다. 이런 선도적인 접근은 자율이동체 산업의 활성화와 자율이동체를 지원하는 도로나 시설 등의 토목 산업을 활발하게 합니다. 나아가 자율이동체들을 구성하는 다양한 센서 산업[4]들, 플랫폼 산업, 각종 AI 산업들도 동시에 발전할 것입니다.

한편, 슈퍼 자율 물류 네트워크의 개념은 인터넷 구축 당시에는 생각할 수 없었던 디지털 굿즈들의 대량 출현 문제로 인해 넷플릭스 등의 OTT[5] 서비스 사업자와 인터넷 서비스 사업자 간의 갈등을 해소하는 대안이 될 수 있습니다. 인터넷은 소식이나 거래 정보 등을 교환하기 위해 구축된 것이지만, OTT 사업자가 유통하는 것은 메타버스 시대의 화물인 디지털 굿즈이기 때문에 별도의 유통 규약이 필요합니다. 다음 그림의 왼쪽에서 보는 것처럼 과거에는 중소 콘텐츠 사업자들도 정보나 메시지 차원의 콘텐츠를 유통했기 때문에 인터넷이 규모 면에서 콘텐츠 사업자 시설을 압도하고 랜선 비용만 지불되면 콘텐츠를 무료로 전달할 수 있었습니다. 그렇지만 전 세계 고객을 대상으로 하는 OTT 서비스의 등장 이후, 오른쪽 그림처럼 통신 사업자의 시설이 제약 사항이 될 만큼 과거와 같은 방식의 유통 규약은 합리적이지 않게 되었습니다. OTT 서비스 사업자는 통신 사업자의 시설 이용 현황을 보면서 디지털 굿즈의 유통량을 조절해야 하므로 디지털 굿즈의 전달

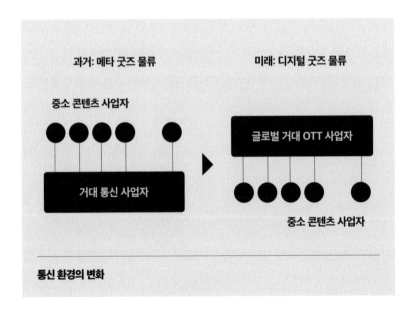

통신 환경의 변화

품질에 대한 책임은 OTT 서비스 사업자에게 비중이 더 커질 수밖에 없습니다.[6]

디지털 시대의 자율배송체계

디지털 굿즈 개념[7]의 도입은 수익성을 담보하는 첨단 통신 기술의 선도적 적용을 촉진할 수 있을 뿐 아니라 서비스 이용 환경 변화를 반영하는 망 중립 정책의 갈등 문제를 해결할 수 있을 것으로 기대합니다.[8]

통신 기술이 도입되면서 인편으로 전하던 소식을 자동으로 전달해 사람의 육체노동을 크게 경감하고 네트워크를 기반으로 가치의 빅뱅이 일어났듯, 통신 기술의 개념이 확대되면서 도입된 자율배송체계는 사람을 육체로부터 해방시킬 뿐 아니라 라이프스타일을 지원하는 다양한 가치들의 빅뱅을 다시 한번 열 것입니다. 과거의 통신 혁명으로 미루어, 배송에 직접 맞닿은 영역조차도 사물을 배송하지 않고 고객들에게 다양한 경험을 선사하는 서비스 산업이 활성화될 것은 분명해 보입니다.[9]

이러한 전망은 자율배송 서비스가 누구에게나 중립적으로 제공될 때 가능합니다.[10] 미국의 고속도로에는 자체적인 휴게소보다는 지역 마을과 결합된 휴게소가 많습니다. 자본을 바탕으로 한 판에 박힌 휴게소도 나름의 매력이 있겠지만, 지역 마을과 결합한 휴게소는 그 지역과 주민들의 개성이 가득하기에 자체 휴게소에 비할 바가 아닙니다. 자율배송 서비스가 지구촌 어디까지든 연결되는 날이 온다면, 사람들은 각자의 고유성을 바탕으로 하는 다양한 매력들을 더욱 더 발산하게 될 것입니다.

제2유형:
바틀러 서비스 네트워크

전달, 운송, 통신과 물류가 다른 것은 바로 '알아서 챙기는 능력' 때문입니다. 배송이 '물류'라는 층위의 품격을 갖추기 위해서는 '알아서 챙기는 능력'이 존재해야 한다는 것입니다. 당연히 '알아채는 것' 또한 알아서 할 수 있어야 합니다. 알아서 하는 것의 대표는 AI라고 생각하겠지만, 이는 단순히 지능으로 해결될 문제가 아닙니다. 이용자의 관점에서 일상적인 것부터 기대하는 것까지 알아서 해주는 것을 포함하는 개념입니다. 여기에는 중요한 조건이 하나 붙는데, 바로 이용자의 일상에 능동적으로 침범하는 것은 친숙한 일상을 만들어줄 때로 국한되어야 한다는 것입니다.

알아서 해준다는 것, 스타벅스의 드라이브스루

우편과 자율배송의 다른 점을 살펴보는 것이 알아서 챙기는 네트워크를 이해하는 지름길입니다. 우편은 송신자들이 우편물을 우체통에 넣는 것부터 시작합니다. 이용자 규격 포장 위에 송신자의 연락처, 수신자의 주소와 연락처를 기입합니다. 자율배송은 이미 설계된 우편물류체계 – 접수, 집중, 교환, 분배, 배달 등 – 에 따라 일사천리로 처리됩니다.

여기에서 사람에 대한 관심은 뒷전이 될 수 있습니다. 알아서 하는 공정에서는 효율이 최고의 가치이기 때문입니다. 이것은 우편물류체계라는 사회적 체계가 우편물의 효율적 전달을 목표로 하는 기능적 차원에서 탄생했기 때문입니다.

반면, 사람을 중심에 놓은 물류 서비스의 예로 스타벅스의 드라이브스루를 들 수 있습니다. 스타벅스는 주문 단계에서부터 서비스 종사자들의 업무 부하를 고려합니다. 고객이 선택한 상품이 손이 많이 가는 공정을 포함한 경우, 이용자에게 지연되는 시간을 미리 알려주어 되도록 단순한 공정의 상품을 주문하도록 유도하거나 주문 처리 속도를 조절하는 메커니즘을 포함하고 있는 것입니다.

플랫폼 노동이라는 새로운 용어가 탄생할 정도로 배송 종사자들이 마치 아무런 통제도 없는 공유지와 같은 존재로 대접받고 있는 사회 문제도, 결국 '알아서 하는 일'을 정의하면서 일의 범위에서 '사람'을 고려하지 않은 탓입니다. 모든 기계적 체계에는 여유 용량이라는 개념이 도입되어 있습니다. 기계도 작업 부하가 일정 수준을 넘어가면 피로도가 높아지면서 결국 사고가 터진다는 사실을 알고 미리 부하에 한계를 설정하는 개념입니다. 그런데 사람의 한계를 고려하지 않는 체계들은 어떻게 이해해야 하는지 설명이 어렵습니다.

이와 유사한 것으로, 전국에 있는 모든 도로에도 도로의 차량 부하 상태를 고려해 진입 여부를 판단하는 교통정보체계를 고려해볼 수 있습니다.[11] 모든 정보가 실시간으로 취합되고 있지만 아직 이런 시스템은 개발되지 않았습니다.

데이터를 읽고 패턴을 읽는다는 것

두 번째, 이용자에게 친숙한 새로운 일상을 알아서 만들어주는 것에 대한 이야기를 해보겠습니다. 먼저 '알아서 한 것'을 가만히 살펴보면, 반복되는 행위에 대한 공통적인 과정을 기계화하거나 자동화하거나 지능화한 것에 지나지 않습니다. 이용자에게 친숙한 일상을 만들어준다는 것은 결국 이용자의 데이터에서 패턴을 읽어내어 필요한 것을 먼저 제공하는 것입니다.

이를 위해서는 가장 먼저 데이터를 축적해야 합니다. 다음은 패턴을 읽어야 하며 그다음은 물리적 비용을 최소화해야 합니다. 이런 접근 방식의 대표 주자가 아마존입니다. 아마존은 이런 개념을 적용한 '선행 배송anticipatory shipping'으로 특허를 출원했습니다.[12]

그러나 이것은 개인의 프라이버시가 무방비로 노출되는 상황에서

나 가능하므로 강력한 프라이버시 정책에서는 어려움을 겪을 것이며, 플랫폼이 없는 비즈니스 주체들에게는 그림의 떡일 수밖에 없습니다. 선행 배송의 개념을 중립적인 위치에서 할 수 있다면, 더 많은 사람이 더 창의적인 비즈니스를 만들 수 있지 않을까요?

데이터를 가만히 살펴보면, 선제 제공에도 진화의 길이 보입니다. 지금의 상거래 행위는 이용자들이 직접 원하는 상품과 서비스가 어디에 있는지 찾고 계약하는 방식이 대부분입니다. 데이터 축적의 결과로 그나마 추천 서비스는 쉽게 접하고 있습니다. 그렇지만 추천 서비스는 부정적인 측면이 존재하기 때문에 이 방식은 조만간 필요한 것을 필요한 시간과 장소에 직접 제공하는 형태로 진화할 것입니다. 사람의 지능이 그렇게 발달해가고 있기 때문입니다. 직접 상품을 찾는 대신에 원하는 상품을 알려주면 구매부터 배송까지 알아서 해주는 방식입니다. '알아서 챙겨주는 네트워크'가 있으면, 누구나 이 서비스를 활용해 또 다른 개성 있는 서비스를 쉽게 만들 수 있을 것입니다.

알아서 챙겨주는 네트워크

'원하는 상품'에 대한 생각을 확장해봅시다. 슈퍼 자율 물류 네트워크에서 흘러 다니는 모든 것은 상품의 대상입니다. 이해를 돕기 위해 알아서 챙겨주는 네트워크의 실현을 위한 기능 요소 몇 가지를 함께 정의해보겠습니다.

먼저 이용자들이 물리적으로 가장 빠르게 접근할 수 있는 상품의 저장소와 저장된 상품들의 정보를 확보한 '상품 저장소 정보Product Storage Information, PSI' 기능입니다. 이 기능은 이용자들의 '요구에 대한 응답Ask for Request, A4R' 기능도 동시에 포함되어야 합니다.

다음은 이용자들의 요구를 관리하는 '원하는 상품 정보Request Information for User Product, RUP' 기능입니다. 이 기능은 이용자들의 요구 정보를 전파하는 기능과 요구 정보와 응답 기능이 만나 수요와 공급이 일치하는 '접점 관리Commerce Information Base, CIB' 기능도 포함되어야 합니다. 이런 기능 정의로부터 알아서 챙겨주는 네트워크가 작동됩니다.

PSI 기능이 작동해 서로의 위치를 주고받으면, 이용자들의 RUP 정보가 전파되면서 PSI 기능에 도달하게 되고, RUP의 송신지와 가장 근접한 거리의 상품 저장소를 가진 RUP 기능이 이용자에게 가장 가까운 위치에 있는 PSI 기능에 응답을 보내는 방식으로 네트워크가 작동됩니다.

이렇게 알아서 챙겨주는 네트워크를 자율 물류 제어 네트워크 기능의 하나로 자리 잡게 하고 네트워크와 밀결합된 연동체계를 통하면 원하는 상품의 자율적 배달이 가능해질 것입니다. 이런 네트워크에 가장 근접한 기술로 상품중심 네트워크Named Data Network, NDN [13] 기술이 있습니다.

이 NDN 기술은 다양하게 확장할 수 있습니다. 이용자들의 요구에 시공간 정보를 근간으로 하는 패턴 분석 기능을 더하면, 개인 맞춤형 타깃 광고 서비스로 손쉽게 확장할 수 있습니다. 광고 콘텐츠 상품에 자체적인 광고 요청 기능을 부가해 지정된 상황에 맞춤형 광고를 자동으로 제공할 수 있기 때문입니다. 이로써 상품 공급자에 대한 서비스가 확장됩니다. 그뿐 아니라 모든 상품 정보가 개방됨으로써 개성 만점의 커머스 플랫폼 비즈니스도 손쉽게 창업할 수 있습니다.

제3유형:
공증 서비스 네트워크

공증notary public 서비스란 어떤 사실관계를 공식적으로 증명해주는 서비스입니다. 앞서 이야기를 나눈 '알아서 챙겨주는 네트워크 서비스'가 정상적으로 잘 돌아갈 때는 아무런 문제가 생기지 않습니다. 그러나 어디에나 항상 문제가 생길 수 있으므로 예외적인 상황에 대비해 준비해야 합니다. 이때 가장 중요한 것은 기록입니다. 기록은 일관성 있고 정확해야 하며 변질되지 않도록 하는 것이 필수입니다.

공짜 마케팅, 플랫폼으로의 유혹

잠시 소셜 네트워크로 생각을 옮겨보겠습니다. 기록은 송신자 단말과 수신자 단말, 소셜미디어 플랫폼에 담길 것입니다. 나아가 단체 채팅 메시지 기록은 참여하는 모든 사람의 단말에 저장됩니다. 이는 최소한 삼자가 동시에 같은 상황을 기록하는 방식입니다. 이렇게 삼자 모두 기록을 보관하고 있다면, 어떤 일이 발생해도 사실관계를 판단할 수 있을 것입니다.

그렇지만 현실은 그렇지 않은 경우가 허다합니다. 개인 단말의 물리적인 용량 문제를 비롯해 플랫폼에 의존할 수밖에 없는 상황을 맞이하게 됩니다. 이 의존성이 프라이버시 문제에서부터 데이터의 소유권 문제에 이르기까지 다양한 문제를 야기하는 원인이 됩니다. 앞서도 언급했지만 비트는 물리적인 에너지와 등가물입니다. 플랫폼 사업자는 일찍이 그런 원리를 인식하고 '공짜 마케팅' 전략을 구사해 거대한 에너지를 선취해놓았고, 지금도 그 에너지에서 비롯된 거대한 중력장을 형성해 데이터를 끌어당기고 있습니다. 공짜 마케팅을 활용한 중력장은 곧바로 부메랑이 되어 이용자들에게 되돌아오고 있습니다.

플랫폼에 종속되면 플랫폼이 제시하는 모든 기준을 울며 겨자 먹기로 따를 수밖에 없습니다. 최근 인앱결제의 강제성과, 수수료에 가격 결정권이라는 폭력을 휘두르는 모습이 증거입니다. 공공의 자산은 언제나 중립적으로 관리할 수 있을 때 보편적 가치를 띱니다. 앞서 자율 물류 네트워크에서 물류 저장소가 중립적 위치를 가정해야 다양한 기회들을 창출할 수 있었듯이, 모든 데이터 또한 중립적 위치의 데이터 저장소에 보관되고 관리되어야 합니다.

이런 필요를 실현하기 위해서는 누구나 데이터를 맡기고 정해진 규칙에 따라 인출할 수 있는 개념을 도입해야 합니다. 이런 개념은 공중 서비스의 개념과 밀접하게 결합됩니다. 데이터가 중립적인 위치에 놓이는 것은 인류의 모든 지식이 도서관에 모이는 것과 같은 맥락입니다. 인류 공동의 자산을 토대로 각자의 자유에 따라 역량을 개척해나가듯이, 공동의 자산을 일정한 규칙에 따라 공정하게 활용함으로써 자유로운 경쟁을 일으키는 토대가 필요합니다.

블록체인 방식의 디지털 중력장

기존의 인터넷과 통신 네트워크가 이런 중립적인 위치에서 정보 내지는 데이터의 공증 서비스를 제공하지 못한 원인에는 두 가지 이유가 있습니다. 첫째는 네트워크 사업자가 중립적인 위치에 있다는 사실에 대한 인식 부족입니다. 연결에 대한 중립이라는 편협한 중립적 인식이 중심부와 주변부라는 아주 오래되고 실현이 용이한 서버(중심부)와 단말(주변부)의 구조, 일명 서버/클라이언트 모델의 보편화를 가져왔습니다.

이 서버와 단말 구조는 기본적으로 단말이 서버에 종속된 형식이므로 중립보다는 '도덕'에 의존합니다. 누구나 잘 알다시피, 도덕은 모든 것과의 상황적 조율을 전제로 하기에, 실현 과정에서 난관이 있습니다.

그러한 이유로 서버 측에 중립을 요청하더라도 이것이 지켜지는지에 대한 확인이 불가능합니다.[14]

그러나 두 번째 이유에 해당하는 문제의 해결에 따라 이제 투명한 중립의 길을 모색할 수 있게 되었습니다. 바로 특정한 대상에 의존하지 않고 투명하게 중립성을 유지할 방법을 찾은 것입니다. 2008년 사토시 나카모토가 디지털 현금이라는 가상의 전자적 가치를 개인 간에 신용 상태로 교환이 가능한 디지털 현금 지불체계[15]로 구현했습니다. 불특정 다수들이 삼식부기 방식의 기록 관리체계를 디지털화하는 블록체인이 그것입니다.

이 블록체인 개념은 공증이나 관리의 대리자를 통하지 않고 누구나 서로의 노력으로 투명한 중립성을 보장할 수 있습니다. 블록체인은 일상생활에서 서로 현금을 주고받듯이 개인 간의 거래를 완료하고 기록을 남기는 방식(오른쪽 아래 그림)이지 은행과 같은 대리자를 통해 지불히는 방식(오른쪽 위 그림)이 아닙니다. 개인 간의 추상의 가치를 포함한 디지털 현금 거래를 불특정 다수의 장부 관리자원자Miner들이 장부 관리에 블록체인을 활용하여 정확한 잔고와 거래의 정확성을 검증해줍니다.[16]

디지털 SOC, 블록체인 공증 서비스

거래 기록에 거래의 대상인 데이터의 저장 정보를 함께 보관하고, 모

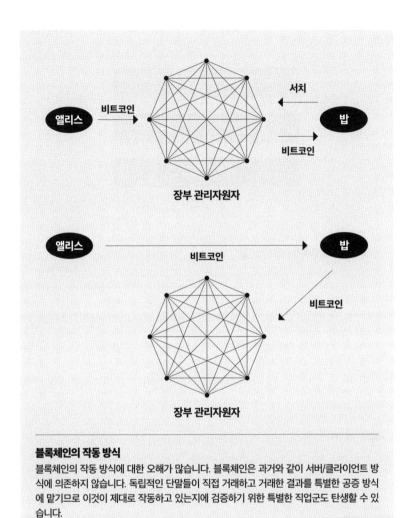

블록체인의 작동 방식
블록체인의 작동 방식에 대한 오해가 많습니다. 블록체인은 과거와 같이 서버/클라이언트 방식에 의존하지 않습니다. 독립적인 단말들이 직접 거래하고 거래한 결과를 특별한 공증 방식에 맡기므로 이것이 제대로 작동하고 있는지에 검증하기 위한 특별한 직업군도 탄생할 수 있습니다.

출처: medium.com

든 데이터의 활용 거래에 따른 수수료와 장부관리에 대한 수수료를 장부 관리자원자들이 받을 수 있다면, 데이터 독과점에 따른 다양한 문

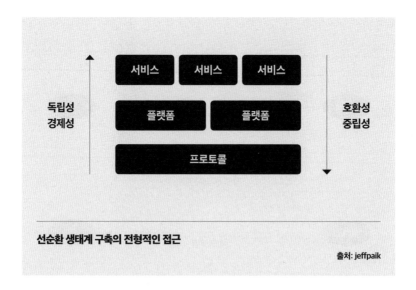

**독립성
경제성**

서비스 서비스 서비스

플랫폼 플랫폼

프로토콜

**호환성
중립성**

선순환 생태계 구축의 전형적인 접근

출처: jeffpaik

제 발생을 사전에 방지할 수 있을 것입니다. 이렇게 데이터라는 광산이 만들어지는 것은 마치 물류창고에 상품들이 보관된 것과 마찬가지입니다.

상품들이 창고에 있을 때 상품을 쉽게 찾아갈 수 있게 해주는 세련되고 중립적인 SOC(알아서 챙기는 네트워크가 좋은 예)의 존재를 전제하고, 또 그 위에 다양한 서비스가 데이터 독과점의 문제에서 해방되어 자유롭게 정착되어야 합니다. 이용자와 서비스 제공자 사이에서 발생하는 이용자 데이터는 대가를 지불한 상태로 중립 위치에 저장하고, 서비스 제공자는 이 데이터를 비즈니스에 활용하며, 이용자는 데이터를 사용하기 위해 서비스 이용 대가를 서비스 제공자에게 지불하는 선순환 구조가 정착되어야 합니다.

왼쪽의 그림은 선순환 생태계 구축의 가장 전형적이고 비용 최적화된 접근 방식입니다.[17] 가장 밑지층에 불변하는 프로토콜, 즉 데이터 거래와 저장에 대한 가장 보편적인 규약이 자리하고 그 규약을 활용하는 다양한 플랫폼이 그 위에, 서비스가 다시 그 위에 정착됩니다. 가장 보편적인 원칙은 당사자 간의 거래나 소통에서 발생하는 모든 데이터는 중립적인 위치에 저장되어 누구나 이것을 약속된 대가를 지불하고 이용하는 것입니다.

블록체인 마법사 앱, 트웨치

이런 블록체인의 개념 위에 만들어진 전형적인 서비스가 트웨치Twetch 입니다.[18] 트웨치는 트위터와 같은 개념이지만, 글을 쓸 때 소액의 등록비를 플랫폼에 지불해야 합니다. 또한, 누군가 포스팅된 글에 좋아요를 누를 때에도 이에 대한 소액의 참여비를 지불해야 합니다. 트웨치는 이 참여비에서 약속된 비율만큼 포스팅한 사람에게 인센티브를 전달합니다. 커뮤니티에 적극적으로 참여하는 사람에게 소액의 인센티브가 돌아가도록 한 것입니다. 중요한 것은 이용자가 플랫폼을 이용하면서 쓴 글, 댓글, 좋아요와 같은 모든 포스팅 데이터는 중립 위치에 저장되고 제삼자 누구나 비용을 지불하면 이를 활용할 수 있어야 합니다. 또 이 가운데 그런 포스팅 데이터를 제삼자들이 활용하기 쉽게 하는 검색 플랫폼들이 다양하게 자리 잡을 수도 있습니다.

데이터 인터넷, 메타넷

이용자들의 욕망을 미리 알아서 챙겨주는 바틀러 서비스 네트워크(제2유형의 네트워크)가 제대로 작동하기 위해서는 데이터라는 상품을 가장 빨리 찾을 수 있는 기능을 지원해야 하므로 중립 데이터를 찾기 쉬운 방식으로 저장하는 것을 고민해야 합니다.

또한 데이터를 저장할 때 지금의 인터넷처럼 IP주소 단위가 아니라 물리적인 저장 위치까지 정확하게 지정하는 방식이 필요합니다. 데이터 공증 서비스와 결합된 중립 데이터의 저장관리를 지원하는 프로토콜의 사용입니다. 이를 위해 블록체인을 기반으로 하는 메타넷Meta-net[19]을 제안할 수 있습니다. 블록체인은 적합한 거래 기록을 일정한 규칙 없이 담아놓은 블록들을 사슬처럼 엮은 것인데, 메타넷은 거래의 관련성 단위로 재정렬해 저장된 데이터에 쉽게 접근할 수 있게 하는 데이터 연결 네트워크입니다. 거래의 특성별로 다양한 단위의 도메인 정의를 지원해 바틀러 서비스 네트워크에서 데이터의 검색을 쉽게 할 뿐 아니라 데이터의 독창성과 개방성[20]을 보증해줄 수 있습니다.

다시 한번 정리하자면, 데이터 공증 서비스는 데이터를 중립적으로 안전하게 관리해 데이터 독과점 없이 데이터의 자주권이 행사되는 가운데 데이터의 자유로운 유통을 가능하게 해주는 서비스입니다. 이것을 가능하게 하는 공증 서비스 네트워크는 빼놓을 수 없는 디지털 SOC의 하나입니다.

제4유형: Peer-to-Peer 독립 인터넷

데이터를 중립적인 위치에서 안전하게 관리해주는 공증 서비스 네트워크가 전제된다면, 이제 서버(중심부)와 단말(주변부)의 구조에 입각한 서버/클라이언트 방식의 인터넷을 과감하게 탈피하는 독립 인터넷으로 진화해야 합니다. 독립 인터넷은 플랫폼 사업자나 서비스 사업자의 비즈니스를 뺏는 개념이 아닙니다. 오히려 끝없이 늘어만 가는 방대한 데이터 관리에 대한 비용을 줄여주고 창의적인 서비스에 집중해 오로지 이용자를 위한 UI/UX 비즈니스에만 전념하도록 하는 것입니다. 이용자는 오로지 자신의 의도에 따른 '가치'를 추구할 수 있습니다. 어떤 형태의 가치든 개인의 기호와 필요에 따라 취할 수 있게 해주는 것이 독립 인터넷 기반 비즈니스의 요체입니다.

다양한 바틀러 서비스의 요람

이런 관점에서 비즈니스의 핵심은 이용자에게 맞는 또는 이용자가 희망하는 가치를 생성해 제공해주는 것입니다. '지능'은 바로 그런 역할을 담당합니다. 데이터를 기반으로 정보나 지식, 지혜나 정서적 교감을 만들어내는 알고리즘이기 때문입니다. 이런 이유로 비즈니스 사업자는 데이터를 굳이 자기가 보관할 필요가 없다고 결론 내리게 됩니다. 저렴한 가격으로 데이터를 관리해주는 사람이 있으면 그것을 이용

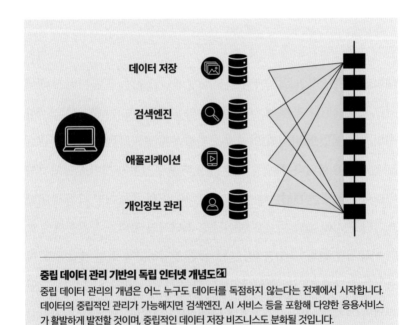

중립 데이터 관리 기반의 독립 인터넷 개념도 21
중립 데이터 관리의 개념은 어느 누구도 데이터를 독점하지 않는다는 전제에서 시작합니다. 데이터의 중립적인 관리가 가능해지면 검색엔진, AI 서비스 등을 포함해 다양한 응용서비스가 활발하게 발전할 것이며, 중립적인 데이터 저장 비즈니스도 분화될 것입니다.
출처: Jack Davies

하면 될 뿐이고, 비즈니스의 핵심은 더 중요한 알고리즘의 다양성을 추구하는 것이기 때문입니다. 이런 지능에 대한 재해석으로 비즈니스는 더욱 빨라질 것입니다.

사람과 사물 간의 소통 플랫폼, 독립 인터넷

독립 인터넷은 단말이 이야기를 생성하고, 다른 단말에 그 이야기를 전달하며, 전달받은 단말이 그 이야기를 이해하는 소통의 3요소를 독립적으로 실행할 환경이 전제되어야 합니다.[22] 이야기를 담는 데이터의 형식이 통일되는 것이 제일 간단하겠지만, 그렇지 않더라도 단말에 독립적으로 형식에 상관없이 이야기를 읽을 수 있는 기능이 탑재되거나 데이터 형식 번역 API[23]로 어떤 형식이든 처리할 수 있어야만 합니다. 여기에는 사물 간의 소통과 사물-사람 간의 소통, 그리고 제삼자 간의 동시 소통이 가능하다는 전제가 필요합니다.

독립 인터넷은 단말에서 생성된 '콘텐츠'를 다른 단말에 직접 전달한다는 전제가 필요합니다. 이를 위해서는 단말에서 다양한 구분과 지시가 가능해야 하며, 콘텐츠의 다양성을 담기 위해 형식의 정의 기능을 갖추고 있어야 합니다. 또한, 단말이 다양한 플랫폼, 개성 있는 플랫폼을 사용하고 있을 가능성이 크므로 다른 플랫폼에서도 독립적인 소통이 가능해야 합니다. 그래야 누구의 도움도 없이 전자지갑 속의 디지털 현금을 주고받는 것과 같은 환경, 즉 익명성과 진실성을 보장하는 환경이 만들어질 수 있습니다. 나아가 중립 위치에 보관하고 있는 데이터들을 단말들이 쉽게 읽을 수 있는 데이터 거래 환경이 필요합니다.

결국 수많은 IoT 장치나 자율이동체, AI, 로봇이 독립적으로 소통하기 위한 독립 인터넷은 단말 플랫폼에 종속되지 않고 데이터를 교환할 수 있어야 함과 동시에 메타데이터의 생성과 변환이 가능한 멀티미디어 하이퍼텍스팅 기술이 확보되어야 합니다.

단말의 혁신이 필요하다는 이야기를 장황하게 늘어놓았습니다. 다행스럽게도 월드와이드웹WWW 창시자 팀 버너스 리Tim Berners-Lee를 중심으로 결성된 W3C World Wide Web Consortium에서 웹을 기반으로 접근성을 높이는 노력을 꾸준히 기울이고 있습니다. XML eXtensible Markup Language 표준도 존재합니다. 서버/클라이언트 멀티미디어 하이퍼텍스팅 방식을 독립 멀티미디어 하이퍼텍스팅 방식으로 빠르게 전환하는 것이 충분히 가능하다는 이야기입니다. 독립 인터넷은 정말 중요한 미래의 네 번째 디지털 SOC라는 사실을 기억하면 좋겠습니다.

이 지점에서, 전 세계가 정보를 선취하기 위해 얼마나 심혈을 기울이고 있는지에 관한 가장 기본적인 상황을 공유해보겠습니다.

제2의 냉전시대?

〈르몽드 디플로마티크〉 한국판 2021년 7월호에 흥미로운 기사가 하나 실렸습니다. 전 세계 대륙을 연결하는 해저 통신 케이블 전쟁이 한

창이라는 내용입니다.[24] 미국과 중국을 중심으로 바닷속에서 소리 없는 3차 대전이 벌어지고 있다는 것이 핵심이었습니다. 해저 통신 케이블은 그저 각국의 통신사를 연결하는 케이블일 뿐인데, 왜 미국과 중국이 맞붙고 있는 걸까요?

대륙간 해저 케이블에 일찍부터 눈을 뜬 나라는 미국입니다. 그들은 정보가 곧 에너지라는 사실을 가장 먼저 알았다고 해도 과언이 아닙니다. 2014년 에드워드 스노든Edward Snowden의 폭로로 미국이 국가안보를 넘어 세계안보라는 차원에서 대륙을 건너는 모든 해저 케이블을 도청해 전 세계를 감시하고 있었다는 사실이 알려졌지만, 대부분의 사람은 뜨뜻미지근한 반응을 보였습니다. 미국은 위성과 케이블 감청으로도 국제 흐름을 감시합니다. 말이나 텍스트, 그림을 비롯한 모든 행동 정보를 다 모을 수 있다는 이야기입니다.

입체적인 정보를 통합하면 다양한 패턴을 읽을 수 있습니다. 투자의 관점에서 보면, 가치사슬의 변동을 어느 누구보다 먼저 읽어낼 수 있는 것입니다. 정보의 선취는 투자에서 절대적인 경쟁우위에 오르는 길입니다. GAFAM(구글, 애플, 페이스북, 아마존, 마이크로소프트)을 중심으로 하는 클라우드 및 플랫폼 비즈니스의 글로벌 독과점 현상은 이제 각국의 통신사들을 뒷전으로 물리고 지구촌 정보의 핵심 권력으로 부상했습니다. 대륙 간의 정보 이동은 국가의 투자를 동반한 GAFAM의 해저 케이블을 통해 각국의 사람들에게 전달됩니다. 정보 배송을 각국의 통신사들이 담당하는 구조로 전환된 것입니다. 물류 시장의 플랫폼 중심 배송체계로 재편된 현상과 같습니다. 이 구조를 이해하지 못한

법은 아직도 망 중립성이라는 시대에 뒤떨어진 가치를 들먹이고 있습니다. 〈르몽드 디플로마티크〉의 저널리스트는 기사 마지막에 'EU는 이번에도 기회를 놓쳤다'라는 자조적인 말을 남겼습니다.

우주도 이미 미국이 장악했습니다. 테슬라의 CEO인 일론 머스크의 스타링크**starlink** [25]는 하늘의 케이블입니다. 케이블 전쟁이 우주로 장소를 바꾼 것뿐입니다. 〈르몽드 디플로마티크〉의 기사는 지구촌의 모든 움직임을 선취하는 인프라 전쟁이 오래전부터 있어왔고, 이제 우주 공간으로까지 그 영역을 확대하고 있음을 확인하는 좋은 증거의 하나일 뿐입니다. 그것을 알고도 아무런 대책을 세우지 않는다는 것은 우매한 일입니다. 앞선 나라들이 힘을 획득하고 유지하는 방법에 대한 노하우를 읽지 못했다면, 다른 접근 방법으로 그것을 만회할 수 있는 전략이 절실히 요구됩니다. 이런 관점에서 데이터의 중립성, 독립 인터넷, 그리고 이어질 동적 가명성의 확보는 개인과 국가의 고유성을 유지하는 필수 조건임을 인식해야 합니다.

제5유형:
네이티브 컴퓨팅 네트워크

독립 인터넷이 실현되려면 플랫폼 독과점 환경에서 나타나는 인앱결제와 같은 족쇄에서 벗어나 자유로운 서비스 이용과 거래 환경을 제공해야 합니다. 플랫폼 종속성에는 다음과 같은 다섯 가지가 존재합니다.

독과점을 불러오는 단말 종속성

첫째, 단말 종속성입니다. 글로벌 통계[26]에 따르면, 모바일 단말의 OS 플랫폼 시장점유율은 2021년 8월 현재, 안드로이드가 72.73퍼센트, iOS가 26.42퍼센트, 삼성이 0.42퍼센트 등이며, 데스크톱의 경우에

모바일

안드로이드	iOS	삼성	카이OS	기타	노키아& 기타
72.73%	26.42%	0.42%	0.19%	0.14%	0.02%

데스크톱

윈도	OS X	기타	리눅스	크롬OS	프리BSD
76.13%	16.15%	3.62%	2.4%	1.7%	0%

태블릿

iOS	안드로이드	윈도	리눅스	블랙베리OS	기타
55.17%	44.75%	0.05%	0.02%	0.01%	0.01%

전체

안드로이드	윈도	iOS	OS X	기타	리눅스
42.61%	30.66%	16.55%	6.5%	1.54%	0.98%

2021년 8월 단말 OS 플랫폼의 점유율

출처: gs.statcounter.com

는 윈도가 76.13퍼센트, OS X가 16.15퍼센트, 리눅스가 2.4퍼센트, 크롬OS가 1.7퍼센트이고, 태블릿 분야는 iOS가 55.17퍼센트, 안드로이드가 44.75퍼센트, 윈도가 0.05퍼센트, 리눅스가 0.02퍼센트 등입니다. 이것을 종합해보면, 안드로이드가 42.61퍼센트, 윈도가

30.66퍼센트, iOS가 16.55퍼센트, OS X가 6.5퍼센트 등의 순으로 나타납니다.

　대부분은 상위 2위까지가 시장에서 절대적인 위치를 점하고 있습니다. 이러한 시장의 독과점 현상은 앱 시장에 대한 선택권을 현저하게 떨어뜨리며, 단말 플랫폼 제조사의 과도한 영향력에서 자유로울 수 없게 만듭니다. 독립 인터넷의 발전을 저해하는 가장 큰 이유는 단말 OS플랫폼의 독과점 때문이라고 해도 과언이 아닙니다. 가장 최근의 '클럽하우스clubhouse' 서비스가 대표적인 예입니다. 애플 단말을 소유하지 못한 이용자들은 클럽하우스라는 서비스에 접근조차 할 수 없었습니다.

새로운 접근의 필요, 통신 네트워크의 종속성

둘째, 연결을 위한 통신 네트워크의 종속성입니다. 통신 사업자는 각 국가 단위의 기간 인프라를 담당하고 있어 아무나 접근할 수 없으므로 국가 간 여행 시에 통신 사업자 간의 로밍 협약 조건에 사용 환경이 제약을 받게 됩니다. 이는 통신 사업자의 지속 가능성을 담보하는 수익 모델이 자사의 통신 자원을 누가 많이 사용해주는 것인가에 매몰된 현상 때문에 나타나는 것으로 다양한 디지털 SOC 서비스 기회를 제공해 새로운 접근을 가능하게 해야 합니다. 통신 사업자의 가입이 아니라 이용자가 머무는 시공간에서 가장 최선의 통신 품질을 제공하는 네트워크에 접속하는 방식인 자유 접속이 필요합니다. 필요에 따라서는 여러 개의 통신 네트워크를 동시에 병렬로 이용함으로써 대용량 트래픽도 전달할 수 있어야 합니다. 이로써 불필요한 자원 경쟁을 피할 수 있으며, 이용빈도가 낮은 지역에서도 자원 활용도를 높일 수 있습니다.

불편함을 초래하는 서비스 플랫폼 종속성

셋째, 서비스 플랫폼 종속성입니다. 가장 익숙한 예가 소셜 네트워크 서비스 플랫폼입니다. 통신 네트워크 기반의 연결서비스는 통신사에 상관없이 누구나 연결될 수 있지만, 소셜 네트워크 서비스 플랫폼에서는 그것이 불가능합니다. 단적인 예로, 페이스북의 친구 정보는 카카오톡에서 볼 수 없습니다.[27] 팬데믹 상황에서 많이 활용된 영상통화나 영상회의도 각자의 플랫폼에 제한되어 불편함을 초래하기는 마찬가지입니다.[28]

이러한 서비스 플랫폼은 데이터의 중립적 보관을 전제하면 굳이 폐쇄적으로 운용할 필요가 없습니다. 이용자 데이터 확보를 위한 불필요한 경쟁보다는 이용자 편의성과 이용 경험에 대한 느낌과 지능의 독창성에 기반한 비즈니스를 추구하며 전 세계의 모든 이용자가 접근할 수 있도록 해 더 높은 수익을 창출할 기회를 잡아야 합니다. 이로써 사업자는 서비스 범위를 획기적으로 확장하고 이용자에게도 더욱 다양한 소셜 네트워크 서비스를 제공할 수 있을 것입니다.

서비스 플랫폼에 대한 종속성 문제는 가까운 미래에 보편화될 메타버스 시대에는 더욱 심각한 문제로 대두될 것입니다. 메타버스 자체가 생활 공간이 되는 환경에서 보편적 접근성에 제약을 받을 수 있기 때문입니다. 지금의 플랫폼에서의 다양한 활동 이력들이 다른 서비스 플랫폼으로 공유되지 않는 불편함이 메타버스 플랫폼 환경에서는 더욱 확대될 것입니다.

낭비를 부르는 패키지 종속성

넷째, 패키지 종속성입니다. 이용자들은 그동안 사용하지도 않을 수많은 기능이 담긴 패키지를 비싼 가격에 구입해야 했습니다. 확장해서 생각해보면 스마트폰도 패키지고 소프트웨어도 패키지입니다. 불필요한 수많은 기능을 끼워 팔지만 살 수밖에 없는 이유는 대안이 없었기 때문입니다.

더구나 같은 기능의 소프트웨어 패키지도 OS플랫폼이 다르면 따로 구입해야 합니다. 대표적인 소프트웨어 패키지는 문서를 작성하는 오피스 제품군들입니다. 문서를 작성해도 소프트웨어 패키지가 다르면 서로 완벽하게 호환이 되지 않습니다. 사무 문서의 콘텐츠, 즉 데이터와 형식이 분리될 수 없도록 의도적으로 벽을 만들어놓았기 때문입니다. 이젠 공통의 단말 환경이 된 웹에서 모든 문서 작업의 상호 교차가 가능해져야 합니다. 이런 필요성이 결국 개방형 문서 형식Open Document Format인 'ISO/IEC 26300:2006 표준'[29]의 개발로 이어졌습니다. 이 개방형 문서 형식을 활용하면 스프레드시트, 차트, 프레젠테이션, 데이터베이스, 워드 프로세서를 비롯한 사무용 전자문서들을 자유롭게 호환할 수 있습니다.

패키지 종속성은 여기서 멈출 수 없습니다. 사용하지 않을 또는 사용하는 빈도가 낮은 기능의 끼워넣기는 결국 컴퓨팅 자원의 불필요한 소모를 유발하는 주요 요인이기 때문에 이용자나 자원 문제 측면에서도 지양되어야 합니다. 이 문제에 대한 확실한 대안은 클라우드 소프트웨어를 사용하는 것입니다. 사용한 기능에 대해 사용한 시간만큼만 비용을 지불하는 방식입니다. 이런 접근은 단말 OS 플랫폼의 종속성을 최소화해 단말에 불필요한 기능들의 남발을 줄이는 효과를 동시에 가져올 수 있습니다.

또 다른 문제, 클라우드 종속성

다섯째, 클라우드 종속성입니다. 패키지 종속성 문제의 대안으로 접근한 클라우드가 또 다른 종속성을 야기하는 문제입니다. 여기에는 두 가지 문제가 있습니다. 하나는 클라우드 서비스가 소프트웨어와 데이터로 분리되지 않는 것이고, 다른 하나는 클라우드 소프트웨어와 클라우드 하드웨어의 밀접한 결합입니다. 전자는 클라우드 데이터의 이동이 제약되는 문제로 이용자를 특정 클라우드 서비스에 매몰Lock-In시키는

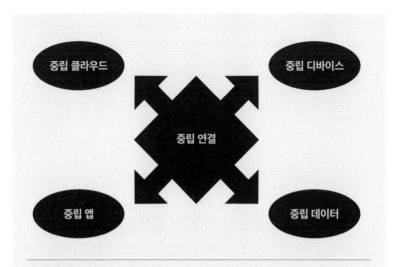

네이티브 컴퓨팅 환경
다섯 가지의 플랫폼 종속성을 탈피하고 나면, 이용자들은 자신이 원하는 곳에 디바이스UX native나 응용 소프트웨어app native, 통신사connection native, 클라우드 사업자cloud native 에 관계 없이 나의 데이터를 자유롭게 이동data native해 끊김 없는 자신만의 서비스를 누릴 수 있습니다.

결과를 초래합니다. 서비스 플랫폼의 매몰 현상과 유사한 것입니다.

후자는 클라우드 소프트웨어가 클라우드 하드웨어에 종속된 구조에서 비롯되는 것입니다. 소프트웨어가 서로 표준화된 하드웨어에서 작동하게 하는 것은 기술적으로 어렵지 않으므로 수직계열화를 통한 독과점화는 오로지 지향하는 비즈니스의 속성에 기인하는 문제입니다.

이용자 중심의 가치생산 한계비용을 최소화하기 위해서는, 필요한 기능을 자신이 원하는 환경에서 작동시킬 수 있으며, 생산된 데이터는 자신의 관리 범위, 되도록이면 중립지대에 관리하는 것이 더욱 바람직

하며, 자원을 사용한 만큼만 비용을 지불하는 환경이 실현되어야 합니다. 공공 영역에서 먼저 이런 원칙을 선제적으로 제시해야 합니다. 한계비용 최소화 환경이 전제된다면, 이용자들의 순수 개성과 그 개성에 따른 콘텐츠들의 가치에 기반한 거대한 시장이 새롭게 형성될 것이기 때문입니다.

유비쿼터스 네이티브 컴퓨팅이란

이런 환경을 지원하는 것이 바로 네이티브 컴퓨팅 네트워크입니다. 네이티브 컴퓨팅 네트워크는 이용자들이 접속 수단인 '게이트웨이'만 소유하고 있으면 전 세계 어디에서나 누구의 단말로도 클라우드의 모든 서비스를 활용할 수 있습니다. 이용자의 개인 컴퓨팅 환경 정보와 개인 데이터의 저장 위치 정보만으로 마음에 드는 클라우드 하드웨어 사업자의 클라우드에서 자신의 네이티브 컴퓨팅 환경을 만들고 단말의 종류에 상관없이 컴퓨팅 서비스를 즐길 수 있습니다.

이러한 접근에도 역시 사고의 반전이 필요합니다. 기술 공급자가 아니라 이용자 중심의 사고를 전개해야 합니다. 글로벌 디스플레이 시장과 가전 시장의 경쟁우위를 가지는 나라와 콘텐츠에 대한 경쟁우위를 가지는 나라에서 적극적으로 추진할 만한 접근 방식입니다. 또한, 이것은 Peer-to-Peer 독립 인터넷 실현을 앞당길 수 있는 든든한 지원 전략이 될 것입니다.

제6유형:
동적 가명 네트워크

탈물질세계로의 가속을 위해 필요한 전제들을 디지털 SOC의 관점으로 하나씩 살펴보고 있습니다. 슈퍼 자율 물류 네트워크, 바틀러 서비스 네트워크, 공중 서비스 네트워크, Peer-to-Peer 독립 인터넷, 네이티브 컴퓨팅 네트워크 등은 새로운 세계를 존재하게 하는 밑지층들입니다. 여기에는 근원적이고 거대한 밑지층의 전제가 하나 더 필요합니다. 모든 것이 유무형의 경계에 매몰되지 않고 경계는 유무형을 가르는 그 이상의 것이라는 대전제입니다.

탈물질세계의 또 하나의 밑지층

탈물질세계는 근대세계를 지나 초근대세계로 나아가고 있습니다. 사람을 하나의 틀에 고정되는 존재로 정의할 수 없다는 사실이 보편화된 진정한 근대세계에서, 이제 진정한 사람을 표현할 새로운 틀이 필요합니다. 바로 '페르소나'의 존재입니다. 이 페르소나들도 상황에 따라 계속해서 변하는 존재의 자유를 보장해주는 틀이 필요합니다. 비즈니스 패러다임의 관점에서 보면, 상황context 중심 비즈니스에서 내용contents 중심 비즈니스로, 내용 중심 비즈니스에서 개성individuals 중심 비즈니스로, 개성 중심 비즈니스에서 페르소나 중심의 비즈니스로의 이동을 준비하는 것입니다.

지금은 스마트폰과 AI 콜라보에 힘입어 개성 중심의 비즈니스 패러다임이 전제되고 있으나 곧이어 페르소나 중심 비즈니스 시대가 예상보다 빠르게 도래할 것입니다. 버츄얼비잉 virtual-being [30]이 가능해 말하는 대로 살아지는 스토리리빙 [31] 시대로 달려가는 수많은 활동이 포착되기 때문입니다. 인공의 실재 [32]인 메타버스 세상을 향한 경쟁적 노력은 버츄얼비잉이 보편화된 유한시간 임계점까지 시간을 단축시킬 것입니다.

인공의 실재 세상, 메타버스

페르소나 중심의 비즈니스 패러다임이 열리는 시대에 가장 큰 이슈는 무엇일까요? 개성을 페르소나들의 차이동일성, 즉 이질적인 요소들의 '재귀적 복합체'[33]로 정의되는 개념을 받아들인다면 개인의 보호는 당연히 페르소나의 보호부터 시작되어야 합니다.

페르소나는 당연히 가명 pseudonym 의 사용이 원칙입니다. 또한, 그 가명이 수시로 바뀔 환경이 필요합니다. 극단적으로 모든 사물도 그렇게 할 수 있는 환경이 제공되어야 합니다. 이러한 환경은 강력한 신뢰의 뿌리가 근간입니다. 동적인 변화에 대해 신뢰할 수 있는 근거가 필요하기 때문입니다. 또다시 신뢰의 뿌리는 신뢰를 보장할 방법이 존재해야 한다는 전제가 필요합니다. 모든 사적인 정보에 대한 무한 책임도 뒤따라야 합니다. 그렇게 되면 가명들은 어떤 변화가 있어도 개성이라는 고유성과 일대일의 존재인 개인을 중심으로 하는 공적 생활 시공간을 만들 수 있게 됩니다.

아이디가 동적으로 변화하는 네트워크

아이디가 수시로 바뀔 수 있는 환경을 '동적 가명 네트워크'라 이름 붙여보겠습니다. 동적 가명 네트워크는 어떠한 사물에 대해서도 고정된 아이디를 사용하지 못하게 하는 것입니다. 심지어 물리적 통신 네트워크의 접속에 필요한 아이디의 MAC 주소와 이동통신의 모든 식별번호[34] 등에도 고정된 아이디 사용을 금지합니다. 통신 사업자를 비롯한 모든 상업용 관리 목적에 따라 발급하는 아이디는 반드시 가명 아이디pseudo ID를 사용해 일반인들이 공공 영역에서 직접적인 프라이버시가 공공 영역에 노출되는 것을 방지하는 역할을 합니다. 이를 위해 다음에 자세히 설명할 신뢰의 뿌리에 의존해 사물의 소유주를 확인하는 기능만으로 모든 거래의 완결이 가능한 구조를 지향할 것입니다. 이에 대한 결과에서 데이터, 특히 중립적으로 관리되는 데이터는 누구나 자유롭게 거래할 수 있는 공공 데이터로서의 자격을 획득할 수 있습니다.

제7유형:
신뢰의 뿌리 네트워크

역사적으로 신분증은 귀족 등 상류층의 권위와 특혜를 보장하기 위한 증명이자 상인들을 위한 통행증의 역할을 담당했습니다. 15세기 후반 유럽에서는 위생증으로 발급을 시작해 점차 소속을 증명하는 역할로 변경되었다고 합니다. 우리나라도 만 18세 이상 성인은 누구나 주민 등록증을 발급받도록 의무화되어 있습니다. 전 세계적으로는 대규모 테러 사건 등이 일어나면서 주민등록증과 같은 신분증뿐 아니라 홍채 나 지문 정보 등 생체 정보를 포함하는 신분증 발급이 확대되고 있습니다.[35] 또한, 인터넷이 보편화되면서 가상공간의 활동에서도 디지털 아이디를 부여받습니다.

가상공간 속의 신분증, 디지털 아이디

문제는 신분증에서 개인정보를 확인하거나 신분증과 개인정보를 반드시 연결해야 한다는 고정관념입니다. 이런 고정관념, 즉 신분증으로 신원을 확인할 수 있다는 고정관념은 오히려 가짜 정보를 만드는 허점입니다. 지금의 체계에서는 얼마든지 가짜 정보를 만들어낼 수 있습니다.

대부분의 사람은 신분증의 가짜 유무를 현장에서 즉시 판독할 능력이 없습니다. 그뿐 아니라 신분증을 매개로 연결 정보를 관리하는 독립기관에 대한 보안성도 확신할 수 없습니다. 그럼에도 우리는 개인정보가 직접 노출되는 방식으로 아이디를 관리합니다. 다음 그림은 개인정보가 직접 연결된 기존 방식의 아이디 체계를 개념적으로 보여주고 있습니다.

이런 허점을 해결하기 위해 '신분 보증'이란 제도를 도입해야 합니다.[36] 신분 보증은 보증 대상자의 신분과 고유성을 보증해주고 가짜 보증에 대한 손해나 불이익을 제삼자가 책임지는 것입니다. 보증 대상자들도 제삼자에게 신분 보증 대가를 지불해야 합니다. 이것은 개인정보 유출이 원천적으로 방지되는 방식입니다. 이 또한 새로운 비즈니스 영역이 될 것입니다.

이러한 신분 보증제가 가능한 이유는 기존의 접근 제어 방식인 AAAA[37] 방식처럼 주체들의 개인정보로 이용자들의 기억력을 시험하는 대신, 접근 제어 주체들이 개인정보 관리에 들어가는 비용을 제삼자에게 지불해 관리를 맡기는 것이기 때문입니다. 제삼자를 통한 신

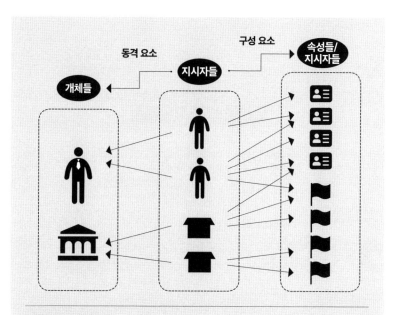

기존의 아이디 체계

기존의 아이디 체계는 개체를 중심으로 고정된 행동 특성들attributes을 기반으로 아이디를 부여하는 방식입니다. 이런 고정된 행동 특성들에 기반한 아이디 체계는 프라이버시를 침해하는 결정적인 매개체이므로 기존의 방식을 지속하는 것은 인류의 다양성 배양에 역행하는 심각한 문제를 초래할 것입니다.

출처: wikipedia.org

분 보증 서비스는 기본적으로 영지식 증명 방식[38]을 근간으로 해 다양한 메타버스 공간에서 가명을 사용할 수 있도록 해줍니다. 이로써 당사자 간의 거래에서 익명화가 이루어지고 거래 내용 역시 완벽하게 보호할 수 있습니다.[39] 이를 마련하기 위해서는 데이터의 중립 관리 방식에 진화가 요구됩니다.[40] 데이터의 중립 관리에 참여하는 모든 참여자에게 정보를 직접 확인하지 않고 정보의 유효성을 인정하는 것만으로 기존의 데이터 중립 관리 방식이 유효할 수 있기 때문입니다.

중립적 신분 보증체계

제삼자인 신분 보증 주체는 이용자들과 신분 보증에 대한 계약을 맺고 이용자들의 개인정보를 전달받아 관리합니다. 이용자에게 아이디 발급을 희망하는 기업이나 단체들은 신분 보증 주체를 통해 이용자의 신분을 보증받고 접근을 허용합니다. 이 방식은 인터넷 사용자들이 비밀번호를 공개하지 않고 다른 웹사이트상에 자신들의 정보에 대한 접근 권한을 부여하는 소통 수단으로써 사용되는 개방형 표준인 오픈어스OAuth[41]와 유사합니다.

오픈어스 서비스를 제공하는 회사들은 이미 많습니다. 대표적으로는 구글, 애플, 아마존, 카카오, 네이버 등입니다. 이와 달리 오픈어스를 기반으로 어떤 사이트에서든 같은 아이디, 즉 오픈 아이디[42]를 사용해 접근 제어가 가능하도록 하는 개념도 탄생했습니다. 오픈 아이디를 사용하는 인터넷 사이트는 이것으로 사용자에 대한 신분 보증을 하는 것입니다. 그러나 이들 개방형 접근 방식은 여전히 인터넷 사이트로 개인정보의 이동을 전제하고 있다는 한계가 있습니다.

'보편적 개인 써비스'의 조건

새로운 신분 보증 방식에서는 인터넷 사이트가 이용자에게 개인정보를 요청하지 않아야 합니다. 서비스에 필요한 최소한의 구별 정보는 요구할 수 있지만, 공중용 인터넷 시공간에 개인정보의 유입을 원천적으로 차단한다는 전제가 깔려 있습니다. 신분 보증 주체가 발급하는 가명 아이디는 계속해서 변경되기 때문에, 사용자가 누구인지 패턴을 추적하는 것이 원천적으로 불가능합니다.

　이런 원칙이 전제되면, 기존의 AAAA 접근 제어 방식에 대한 일대 수정이 필요합니다. 사이트의 접근 제어인 인증authentication 단계에서 개인정보의 이동이 금지되기 때문에, 자원에 대한 허가authorization 단계에서도 개인정보를 저장해 권한을 제어하는 방식은 더 이상 유효할 수가 없습니다. 따라서 자동으로 인증된 이용자가 자원을 제대로 사용하고 있는지 검사하는 가입admission 단계에서도 마찬가지입니다. 마지막 단계인 허가account는 처음의 두 가지 접근 제어와는 차원이 다른 관리 방식이 도입되어야 합니다. 계속해서 변하는 아이디를 기반으로 이력관리만 하는 체계로 전환해야 합니다. 예를 들어 카페에 들어오는 사람을 시각 AI로 감시할 때, 일일이 신분을 확인하지 않고 임시 아이디가 확인된 신용카드로 언제 무엇을 주문하고 누구와 얼마나 머물다가 언제 떠났는지에 대한 정보만을 관리하는 방식으로 전환해야 합니다.

새로운 거대 독점 시장, 신뢰의 뿌리

개인정보와 관련해 고민을 확장해야 하는 부분은 쿠키입니다. 각종 인터넷 사이트에서 타깃 마케팅을 위해 보편화된 쿠키는 프라이버시 노출의 주범입니다. 애플은 2021년 1월 개인정보의 날**Data Privacy Day**날을 맞아 '일상 속의 개인정보 수집 실태 조사 보고서'를 내놓았습니다.[43] 이에 따르면, 앱 하나에 개인정보 추적 기능이 여섯 개고 수집된 개인 데이터를 거래해 수익화한 비용이 1년에 2,270억 달러라고 합니다. 우리 돈으로 약 295조 원에 이르는 금액입니다.

애플은 이 문제를 해소한다는 차원에서 지난 4월에 앱추적투명성**App Tracking Transparency, ATT** 기능을 iOS 14.5버전에 탑재했습니다. 특정 앱이 사용자의 위치나 연락처, 사진이나 광고 식별자 등의 개인정보에 접근하려면 반드시 사용자의 사전동의를 거쳐야 하는 기능입니다. 반대로 사용자가 사전동의를 언제든지 해제할 수도 있습니다.

구글 크롬은 지난 4월부터 플록**Feredated Learning of Cohorts, FLoC**[44]이라는 이름의 새로운 서비스를 시범 운영한다고 발표했습니다. 크롬 웹 플랫폼을 사용하는 모든 사이트의 쿠키를 차단하고 대신 광고주나 광고기술회사에게 개인정보를 제외한 이용자의 행동 예측 정보를 제공해주는 방식입니다. 기존의 광고주나 광고기술회사가 이용자의 개인정보를 가질 수 없도록 하겠다는 방침입니다.

또 하나는 터틀도브**TurtleDove**입니다. 이용자 브라우저에 페이지 정보와 이용자가 관심을 표했던 정보를 기록해두었다가 브라우저에서 가명의 IP 정보를 기반으로 이용자가 사용하는 문맥 기반 정보 통보 **Dove**와 기록해두었던 관심 광고 정보**Turtle**를 광고주나 광고기술회사에 보내 돌아온 두 개의 광고 중 하나를 브라우저에서 선택해 보여주는 방식입니다. 이 방법도 개인정보를 광고주나 광고회사에 차단하는 방식입니다.

문제는 애플의 ATT나 구글의 플록, 터틀도브 방식 모두 정보 독점이라는 강력한 부작용이 우려되는 조치라는 것입니다. 나아가 개인의 단말 구입 조건에 개인정보의 독점적 활용을 전제로 지속적인 할인 정책이나 데이터의 자주권을 실현하는 방법에 대해서는 아무런 개선 방안을 제공하지 못합니다. 개인정보보호를 위한 진전된 방식이지만 데이터의 중립적 성질과 기밀적 성질을 나누어 관리하는 완벽한 해법을 제공해주지 못하는 것은 매한가지이기 때문입니다.

거대 독점 시장의 선점 전략

이용자의 라이프스타일을 기반으로 하는 모든 서비스는 철저하게 신분 노출이 되지 않는 '보편적 개인 서비스**Affordable Nobility Service, ANS**' 영역으로 남겨놓아야 합니다. 보편적 개인 서비스는 신분 보증 주체와 특별한 개인정보 이용 대가를 지불하고 개인정보의 이용 제한에 대한 손해배상을 엄격하게 규정해 계약해야 합니다. 더 이상의 공짜 개인정보는 허용되지 않습니다.

이를 위해서는 신분 보증이 또 다른 사고를 방지할 수 있도록 하는 신뢰의 뿌리가 필요합니다. 그것도 혼자서 감당하는 것이 아니라 누구나 참여 가능한 네트워크 방식으로 만들어야 합니다. 누가 언제 누구의 정보를 참고했는지에 대한 정보의 기록이 조작될 수 없도록 하는

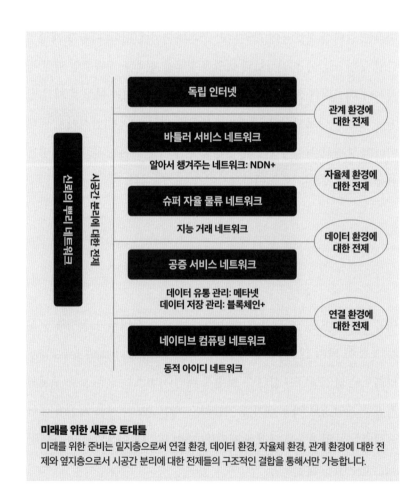

미래를 위한 새로운 토대들
미래를 위한 준비는 밑지층으로써 연결 환경, 데이터 환경, 자율체 환경, 관계 환경에 대한 전제와 옆지층으로서 시공간 분리에 대한 전제들의 구조적인 결합을 통해서만 가능합니다.

기술을 적용하는 것만으로 충분합니다.

애플과 구글은 스스로 신뢰의 뿌리가 되는 것을 전제로 보편적 개인 서비스 제공 회사로 거듭나고 있습니다. 특히, 애플은 더욱 구체적입니다. 집을 포함한 개인 공간에서 원격제어가 가능한 디바이스는 보안영역에 두고, 음악 듣기, 영화 보기 같은 외부 기능(개인의 편의를 위한 개인 행동 패턴 정보의 거래에 동의한 기능)의 단순 활용을 전제로 하는 비보안영역을 나누어 관리하는 방식을 도입하고 있습니다.**45**

이처럼 개인의 활동 반경과 가장 밀접한 환경을 장악하기 위한 물밑 혈투가 치열하게 진행 중입니다. 수많은 AI 스피커의 등장은 정보 수집 면에서 아이폰이나 스마트폰의 한계를 벗어나고자 하는 몸부림입니다. 집이라는 공간이 이미 발가벗겨진 지 오래인데도 우린 그것을 간과하고 있습니다. 그들이 주장하는 신뢰의 뿌리는 더 이상 허용되지 않아야 하고, 허용되지 않을 수 있습니다.

신뢰의 뿌리가 중립적인 관리로 완성되면, 개인의 프라이버시 정보를 관리하는 디지털 금고와 같은 서비스 시장도 자연스럽게 열릴 것입니다. 또한, 동적 가명 네트워크가 실현되고 독립 인터넷 서비스가 가능해지면, 아무도 내 지갑 속을 훔쳐볼 수 없는 디지털 지갑 서비스**46** 시대가 열릴 것입니다.

제8유형:
메타버스 통신 네트워크

메타버스라는 탈물질세계에도 공간이란 개념이 존재합니다. 선의 추상, 각[47]의 추상, 입방체의 추상으로 공간의 구성이 얼마든지 가능해 연결이나 출입을 자유롭게 허용할 수 있습니다. 예를 들어, 클럽하우스[48]의 공간 구조를 한번 살펴보면 이해가 쉽습니다.[49] 클럽하우스는 크게 두 개의 방으로 공간이 나뉘어 있습니다. 각각의 주제에 따른 방과 그 안에 소규모 모임인 스튜디오 개념의 방이 존재합니다. 큰 방 안에 작은 방이 있는 셈입니다. 게다가 거실도 있습니다.

메타버스 속의 시공간 개체 생태계

클럽하우스에 방문(거실에 입장)하면 주제 방을 선택해 입장해야 하고, 주제 방에서 스튜디오에 입장하기 위해서는 방장의 허락을 받아야 합니다. 클럽하우스의 방 구조가 머릿속에 그려진다면, 여기에 클럽하우스 입장을 위한 연결①이 필요하고, 또 스튜디오에 입장하는 새로운 연결인 연결②도 필요합니다.

또 있습니다. 보이지 않는 연결입니다. 주제 방 단위로 음성을 믹싱해 방송하는 다지점제어장치**Multipoint Control Unit, MCU**와의 연결이 필요합니다. 연결①도 기존에 존재하는 개체가 아니라 클럽하우스라는 새로운 시공간의 개념인 개체의 생성과 이에 따른 연결입니다. 바로 이것이 기존의 통신과 다른 점입니다.

메타버스 시공간에 새로운 개체가 생성되면 그 개체들이 소통할 수 있는 확장된 통신의 개념이 필요합니다. 덧붙여 실시간으로 참여자의 정서를 분석하고 싶다면 '정서 분석 AI**Affective Computing AI**'와의 연결도 필요합니다.[50] 서로 다른 언어를 사용하는 개체 간의 대화를 돕기 위한 통역 AI도 생각해볼 수 있습니다. 메타버스 시공간에서 거래가 필요하다면, 상거래를 위한 연결도 필요합니다. 다양한 AI와의 연결이 필요해진 것입니다. 마치 사람처럼 메타버스 시공간의 개체들은 연결을 기다리고 있습니다.

이처럼 새로운 거대한 통신 시장이 우리를 기다리고 있습니다. 이런 종류의 메타버스 통신의 초기 개념이 다양한 연결 API[51] 비즈니스입니다. 트윌로Twillo[52], 보니지Vonage[53], 아바야Avaya[54] 같은 클라우드 통신 API 비즈니스 회사가 대표적입니다. 이런 회사들이 존재하기에 클럽하우스 같은 비즈니스도, 러샤Lusha[55] 같은 비즈니스도 자유롭게 탄생할 수 있었습니다. 전형적인 클라우드 통신 API 비즈니스의 크기는 2024년까지 170억 달러(한화 약 22조 원) 규모로 성장할 것이 전망됩니다.[56] 이것은 거대한 소프트웨어 중심의 통신 네트워크 시장의 개막을 예고하는 것과 같습니다.

모든 아이디어를 비즈니스화 하는 '트랜스포머'

이미 눈치챘겠지만, 메타버스 통신 네트워크 시장의 성장은 API 비즈니스 시장의 성장과 밀접한 연관성이 있습니다. API 하나하나가 메타버스 시공간 내에서 개체에 해당하기 때문입니다. API는 물리적 시공간의 개체와 달리 수많은 복제 개체들이 활동할 수 있습니다. 이러한 이유로 메타버스 통신 네트워크 관점에서는 고객 수에 따라 연결에 제한이 발생하지 않습니다. 시장의 크기가 제한되지 않는다는 뜻입니다. 따라서 API 비즈니스에 대한 특징을 좀 더 이해하는 것이 두 시장의 동반 성장을 위해 필요합니다.

API는 세상에 존재하는 모든 아이디어를 비즈니스로 전환할 수 있는 트랜스포머입니다. 물리세계에 존재했던 수많은 바틀러 서비스 하나하나가 API 비즈니스의 대상이 될 수 있습니다. 이런 이유로 API는 비즈니스와 비즈니스를 연결하는 창구라고 해석하기도 합니다. 수많은 API 비즈니스들을 활용해 새로운 비즈니스가 생성될 수 있으므로 서로 간의 전략적 파트너십도 활발하게 이루어질 것입니다. API 사용에 대한 시간과 컴퓨팅 자원의 부하 등에 대한 자동적인 측정이 가능하기 때문에 가격을 책정하기도 용이합니다. 소프트웨어 산업의 육성을 위해서는 아이디어를 API로 전환해주는 API 제조기업의 1차 육성이 필요하며, 또 생산된 API 상품을 판매하는 시장과 API 비즈니스의 작동이 가능한 플랫폼 비즈니스 등을 순차적으로 고려해야 합니다.

인간과 사물 간의 전방위적 초연결

추가로 기존에 존재하는 클라우드 기반의 통신 API 비즈니스 시장의 규모[57]를 보면, 2019년 1,268억 달러(한화 약 165조 원) 규모로 시작해 연평균 21.9퍼센트의 가파른 성장세를 타고 2027년에는 5,900억 달러(한화 약 767조 원)의 매출을 전망하고 있습니다. 모두 인간과 사물 간의 전방위적인 초연결을 전제로 하는 네트워크 세상으로의 가속에 대한 전망입니다. 여기에 더해 시장의 성장에는 다음과 같은 추가 상황이 존재합니다.

첫째, 기존의 시장 전망은 '신분 보증된 익명 내지는 가명'을 전제로 하는 새로운 공증 서비스 시장의 필요성과 필연성에 대한 전망이 빠져 있습니다. 지금의 서버/단말 구조를 기반으로 하는 인터넷, 데이터 자주권이 지켜지지 않는 불공정 데이터 거래 환경, 무방비 상태의 개인 정보 유출이 가능한 아이디 관리체계 등의 문제 해결에 대한 접근은 전혀 고려되고 있지 않습니다. 이것이 곧 API 비즈니스가 진화할 영역이 남았다는 의미입니다.

둘째, 클라우드 기반의 메타버스 세상에 독자적으로 활동하는 '사물'들의 개체에 대한 생각을 놓칠 수 있습니다. 물리세계에서 사물들이 사람과의 보이지 않는 매개 작용을 기반으로 하는 네트워킹 행위들을 놓치는 경우와 유사합니다. 물리세계에서 사물들이 지능을 탑재해 '사물의 확장'[58]을 꾀한 것처럼 메타버스 공간에서도 얼마든지 자율적으로 활동하는 '개체'들의 존재를 생각할 수 있습니다.

나의 아바타가 독자적으로 활동하는 기반

쉽게 말하면, 나의 아바타가 일정 부분 독자적으로 활동하는 것을 상정하는 것입니다. 이것은 메타버스 시공간에서 개체 간 직접 통신을 확장할 필요성으로 이어집니다. 메타버스의 통신 네트워크가 필요하다는 이야기입니다.

셋째, 물리세계의 단말이 사람의 뇌와 밀접하게 결합되는 인플란트 디바이스[59]의 출현을 고려하지 않고 있습니다. BMI **Brain-Machine Interface** 기술 또한 독점 시장, 독과점 시장, 개방 시장으로 확장될 가능성이 증가할 것이므로 자연스럽게 '뇌파 해석' API 시장의 탄생도 전망되며, 나아가 뇌파를 이용한 직접 통신 시장의 탄생도 충분히 예견될 수 있습니다. 이 분야의 선두 주자는 워싱턴대학교의 브레인넷 **BrainNet** 연구팀입니다.[60] 이들의 연구 결과는 2019년 〈네이처〉의 사이언스 리포트에 소개되었습니다. 뇌와 뇌 사이의 직접 통신 실험과 뇌파 통신에서 잡음의 효과를 분석해 소셜 네트워크에 대한 뇌의 반응을 이해하게 되었고, 이에 따라 소셜 네트워크를 활용한 협동 문제도 해결할 수 있을 것이라고 전망했습니다. 직접 통신의 정확도는 81.25퍼센트로 보고되었습니다. 물리세계의 뇌와 메타버스 속의 아바타들이 한 몸처럼 엄청난 확장을 경험하는 세계가 머지않은 곳에 똬리를 틀고 있는 것입니다.

간과할 수 없는 사실이 하나 있습니다. 바로 인류입니다. 인류는 평균의 개념으로 이해될 수 없습니다. 어떤 사람이 하늘을 날면 인류는 그때부터 하늘을 나는 존재가 됩니다. 특히나 초연결의 세상을 살고 있는 인류는 거의 실시간으로 시선이 높아져갑니다. 그러나 물리적/제도적 세계는 여전히 인류의 수준을 따라가지 못합니다. 이것은 곧 인류의 보편성과 현실의 보편성 간의 차이를 말해주는 것입니다. 이 간극을 메우려는 노력 없이, 세상의 불균형에 대한 비판이 무슨 소용이 있을까 싶습니다. 이 공간을 채워나가는 것이 곧 인류사회의 SOC라는 것만은 분명합니다.

탈물질세계로
함께 건너가기

2020년 1월부터 나라의 난제들을 돌파하는 임무를 띤 공학 기반의 국가출연연구소, 특히 디지털적 시선으로 미래 해법을 창출하고 도전해야 하는 ETRI[1]에서 특별한 세미나 시작되어 계속되고 있습니다. 리좀 세미나Rhizome Seminar라는 이름의 세미나입니다. 리좀이란 20세기 말의 프랑스 철학자 질 들뢰즈가 주장한 것입니다. 비위계적이고 수평적인 다양체 간의 네트워크적 얽힘과 번짐의 구성체라는 의미인데, 잭슨 폴락의 그림 〈No.5〉를 연상하면 쉽게 이해될 것입니다.

세미나의 목적은 다소 거창합니다만, 세미나가 지향하는 방향은 아주 구체적입니다. 지구 생명과 인류와 나라가 직면하고 있는 문제들이 기존의 패러다임 관점에서는 해법을 찾기가 불가능하다는 점을 직시하고, 공학적 시선으로 인류사에 누적된 위기 탈출의 숨겨진 구조를 읽어내 새로운 패러다임을 준비하는 것이 목적입니다. 중간중간의 휴식기를 제외하고 매주 두 시간의 세미나를 위해 준비를 이어오며 몇 가지 희망적인 발견들이 있었습니다. 그것을 함께 공유함으로써 미래의 준비 속도를 높여보고자 하는 마음에서 책을 내게 되었습니다.

희망 발견의 장, 리좀 세미나

첫 번째로, 두 가지 시선과 이들 두 시선 사이의 차이를 발견했습니다. 한 시선은 누군가 기회를 준다는 것이고, 또 하나는 기회는 스스로 만들어가는 것이라는 사실입니다. 기회 생성이 타자에 의한 것인지 행위자 자신에 의한 것인지에 따라 행동에 큰 차이를 가져오게 됩니다. 타자에 의해서만 기회가 시작된다는 관점은 모든 것을 타자의 관점에 맞추게 합니다. 타자의 관점과 조건을 만족시킬 수 있을 때, 비로소 기회가 시작되기 때문입니다. 그뿐 아니라 타자는 관찰할 수 있는 성과에 대한 보상으로 행위자의 능력을 평가하는 경향이 있습니다. 이런 두 가지 경향은 행위자 자신의 기준보다는 외적인 기준에 자신을 맞춰 내적 성장을 할 기회를 놓치게 합니다. 그러나 이런 치명적인 문제에 대한 고민이 많지 않습니다.

반면 기회는 스스로 만드는 것이라는 관점은 행위자 각자 지닌 고유한 개성을 바탕으로 '차별성'을 만들어 남들과 다른 에너지를 확보하는 방법입니다. 남이 에너지를 줘야만 새로운 것을 시작할 수 있는 앞의 입장과는 근본적인 차이를 보입니다. 타자의 조건에 맞추는 방식은 자연스럽게 경쟁을 유발하지만, 자신의 고유성에 입각한 다름의 추구는 경쟁 없이 타자들을 '유혹'하는 힘을 가집니다.

이런 차이는 일하는 방식에서도 크게 나타납니다. 전자는 행위자의 역량 범위 내에서만 일을 도모하지만, 후자는 기회의 가치 공유에 동참할 다양한 주체를 모으는 열린 힘이 있습니다. 기회가 가지는 가치의 크기가 크면 클수록 다양한 주체들이 참여하는 공간을 제공할 수 있습니다. 기회의 가치 크기는 문제 해결 범위와 비례하므로 기회의 실현이 가지고 올 파급효과 또한 점점 더 벌어질 수밖에 없습니다. 이것을 '돌파구'라 이름 붙일 수 있을 것입니다.

두 번째는 후자의 시선에서 당면한 복합적인 문제의 거대한 규모를 극복하고 넘어갈 수 있는 접근 방식의 발견입니다. 이것은 넘어가기를 위한 조건들을 차근차근 해결해나가면 얼마든지 가능합니다. 그 가능성은 인류사에 묻힌 난제 극복의 해법 속에서 얻을 수 있습니다. 지구의 표층사를 수많은 지층으로 표현할 수 있듯이, 문제의 해결은 전제의 전제를 딛는 가운데 가능하다는 발견입니다. 여기에는 지층의 역사와는 반대 방향으로 반복되는 사고의 반전이 필요합니다. 그런 시각에서 해결의 대상은 당면한 문제가 아니라 모두가 희망하는 공통의 기대를 만족시키는 것이 됩니다. 오히려 당면한 문제들은 진정한 문제의 하위 문제입니다.

문제 해결의 전제들을 찾아 나서는 길

세 번째는, 문제 해결을 위한 전제들을 찾아 나서는 길에서 수많은 새로운 일이 발견된다는 것입니다. 요즘 AI나 로봇 때문에 사라지는 일자리에 대한 걱정이 많지만, 그 걱정은 기우에 지나지 않습니다. 처음에 언급된 열린 기회의 장을 생각하면, 그보다는 기계에 의한 일자리 박탈을 당연한 조건으로 생각하는 시선이 더 큰 문제입니다. 책에 그런 다양한 기회들을 보물찾기하는 즐거움으로 남겨놓았습니다. 특히, 그 속에는 재해석이 필요하고 크기를 정의할 수 없는 거대한 네트워크 시장이 숨겨져 있습니다.

네 번째는, 전제를 채우는 과정에 디지털의 손길이 기다리고 있다는 발견입니다. 그 바람들은 대부분 기존의 관성, 즉 기존의 디지털 기술들이 걸어가고 있는 관성으로부터 탈피하고 싶어 합니다. 컴퓨팅 환경이 서버/단말 구조를 기반으로 하는 글로벌 정보 유통체계에서 프라이버시 보호를 추구하는 접근에는 많은 한계가 노출되고 있습니다. AI 기술이 인간의 습득 능력을 점점 따라잡을 가능성이 높은 시점에서, 분명 새로운 접근 방식이 요구된다는 것입니다. 마치 사람처럼 모든 디지털 단말이 독립적으로 자기 표현을 다하는 능력을 전제하는 것이 당면하는 복합적인 문제를 근원적인 것부터 해결할 길을 열어줄 것입니다. 이것은 또한 시장에 거대한 진공상태를 만들어 선점할 만한 기회가 기다리고 있음을 말하고 있습니다.

다시 한번 나라를 '오버클러킹' 하기

다섯 번째, 물질세계에서 탈물질세계로 빠르게 건너갈 것이라는 예상입니다. 어쩌면 이것이 가장 중요한 대목일 것입니다. 더 정확하게는 물질세계 중심 사회에서 탈물질세계 중심 사회로 넘어간다는 것입니다. 그동안은 가상세계가 물질세계의 액세서리 수준이었지만, 앞으로는 그 반대의 현상이 일어날 것입니다. 이 책은 탈물질 중심 관점으로 세상을 만들어가는 접근 방식에 공감대를 형성하는 것이 목적입니다. 탈물질세계는 부존자원이 부족하지만 상상력이 뛰어난 우리나라 사람들에게 더할 나위 없이 멋진 세상이 될 수 있을 것입니다. 우리의 역동성은 물질세계의 제약이 없는 새로운 시공간에서 더욱 큰 힘을 발휘하기 때문입니다.

디지털 세계의 출현에 빠르게 적응하며 우리의 역동성이 어떻게 힘을 발휘했는지에 대한 수많은 증거가 있습니다. 그중 제일 중요한 부분이 전 국토의 테스트베드test bed라는 전략의 작동입니다. 새로운 세상을 위한 실험장이 필요할 때 과감하게 그것을 제공하며 새로운 세상의 핵심적 요소를 축적하는 기회를 가지는 것입니다. 이제 다시 한번 유사한 전략을 전개할 때입니다. 지난 테스트베드 전략에서 놓친 부분을 챙겨서 나라를 가속실험over-clocking해볼 절호의 기회가 아닌가 싶습니다. 민첩함이 핵심역량인 우리는 가속실험이 하나의 국가적 비즈니스 모델임을 인식해야 합니다.

기술은 동사다

마지막으로, 기술에 대한 새로운 관점입니다. 기술을 바라보는 새로운 관점으로, 존재하는 관계[2]들을 조율하는 방식을 권하고 싶습니다. 일반적으로 조율하는 방식이 수동적일 때, 그런 조율 방식을 가지는 개체를 도구라고 하고, 능동적 조율 방식을 가지는 개체를 기계라고 합니다. 또 나아가 적응적인 조율 방식을 가지는 개체를 로봇, 구성적인 조율 방식을 가지는 개체를 신인간, 즉 바이센터니얼맨Bicentennial Man[3]으로 새롭게 정의해볼 수 있습니다. 이러한 관점에서 모든 관계를 최적의 조율 상태, 즉 수학적으로 에너지 상태가 가장 낮은 수준에 이르게 하는 기술을 자연에 가까운 예술과 같은 위치에 놓는 것입니다.[4] 특별한 목적을 위해, 존재하는 관계들을 특정 방향으로 강제적으로 조율하는 모든 것을 기술로 정의하는 새로운 시각은, 존재하는 관계들에 대한 세심하고 정교한 관찰을 요구하게 할 것입니다. 이런 시각에서 '수많은 관계 중에서 어떤 관계를 어떤 방식으로 조율하게 하는 것이 전체를 위해 이로운가' 하는 질문을 던질 수 있습니다. 어떤 관계를 더 부각[5]시키고 순서를 어떻게 배치해야 하느냐 등의 다양한 작동들에 대한 고민이 수반되어야만 비로소 하나의 조율 방식을 읽어낼 수 있습니다.

이런 이유로 기술과 기술에 따라 생성된 유무형의 개체들은 다른 개체들과 관계하는 방식의 변화를 초래할 수도, 원래의 관계를 그대로 유지할 수도 있다는 것으로 이해의 폭을 넓힐 수 있습니다. 이것이 받아들여진다면, 기술로 인해 사회에 다양한 변화를 초래할 수 있다는 사고방식이 열릴 것입니다. 관계의 역학을 고민하지 않는 기술 개발은 사회에 심각한 문제를 초래할 수 있을 뿐 아니라 때론 아무런 소용없이 그저 생성되었다 사라지기만 할 뿐입니다. 기술은 독불장군이 아니라 관계의 새로운 조율을 위해 공학적 배려에 따라 탄생되어야 한다는 뜻입니다.

이런 발견들을 나누며 대중에게 공학인과 기술인들의 책무를 강하게 요구하라고 요청드리고 싶습니다. 정책 입안자들에게는 새로운 세상에 대한 대중의 깊은 바람을 바라볼 것을 요청드리고 싶습니다. 공학자들에게는 기술인들이 활동할 공간을 마련해주는 설계도의 작성을 주문하고 싶습니다. 기술자들에게는 던져진 힌트 속에서 적절한 기술들을 선도하는 발견을 주문하고 싶습니다.

책에서는 공학자와 기술자 들에게는 문제 해결에 대한 접근 방식만을 던지는 문제 정의의 형식을 취했습니다. 이 책이 해법 찾기에 에너지를 모을 기회가 되길 간절히 소망해봅니다.

감사의 글

이 책이 있기까지 7년 6개월 동안 242회에 이르도록 매주 다양한 분야의 정통하신 분들과 만남을 제공해준 '새로운 통찰을 모색하는 사람들(새통사)'의 힘이 컸습니다. 많은 사람이 생각을 교류하고 그 속에서 통찰을 발견할 좋은 기회를 제공해주었기 때문입니다.

이런 멋진 커뮤니티가 지속되도록 물심양면으로 지원을 아끼지 않으셨던 ETRI 연구자 여러분과 새통사의 창립 멤버이신 한기철 전 ETRI 이동통신 연구소장님, 성단근 KAIST 종신명예교수님, 하원규 전 ETRI IT센터장님과 새통사의 이사단이신 강대훈 대표님, 강영순 수석님, 곽상수 박사님, 김은형 작가님, 길애경 기자님, 남상우 박사님, 박구곤 박사님, 박동욱 부장님, 박한표 대표님, 방용환 대표님, 서윤신 대표님, 안오성 부장님, 유용균 실장님, 이승우 소장님, 함영복 박사님, 함진호 박사님께 감사의 말씀을 전합니다.

또한 자문위원이신 박효순 박사님, 이만섭 교수님, 안치득 소장님과 운영진이신 김보성 대표님, 강현주 책임연구원에게도 깊은 감사의 말씀을 드리고 싶습니다. 특히 하원규 박사님께서는 몇 번이나 정독하며 단어 하나하나에까지 멋진 제안을 해주셔서 제대로 된 건축이 되도록 다듬어주셨습니다.

아울러 해괴망측한 주제로 수없이 괴롭혀도 묵묵히 토하며 지원을 아끼지 않으셨던 김선미 본부장님, 이병선 부장님, 이종현 부장님, 박종대 부장님, 김도영 실장님, 남기동 실장님, 김태연 실장님, 류호용 실장님, 송기봉 실장님, 김창기 박사님, 정환석 실장님, 박혜숙 실장님, 이형규 박사님, 박세형 선임님께 다시 한번 감사의 말씀을 드리고 싶습니다.

아울러, 원고가 보다 원숙한 모습을 찾아갈 수 있도록, 부족한 선배에게 무한한 심리적 안정을 선물해주신 지능네트워크연구실의 후배님들 한 분 한 분에게 진심을 다해 감사를 전하고 싶습니다.

감사의 말씀에 청림출판의 직원분들을 빠뜨릴 수 없습니다. 불쑥 들이민 원고지만 많은 사람이 꼭 알아야 할 공학에 대한 새로운 시각이라며 넉넉한 품으로 안아주셨습니다. 특히, 거칠기 그지없는 원고를 한 자, 한 자, 쉼표 하나까지, 심지어 글자 너머의 '그 무엇'을 찾아내 재구성해주신 책임편집자와 출판사의 이름 모를 고마운 분들에게 깊은 감사의 말씀을 전합니다.

끝으로, 남편이자 아빠의 도전에 모든 것을 우선으로 배려해준 사랑하는 아내와 아들들과 졸작을 걸작이라 열심히 응원해주신 가족들에게 사랑을 전합니다.

참고문헌

- 그레이엄 하먼, 《네트워크의 군주》, 김효진 옮김, 갈무리, 2019
- 김상준, 《붕새의 날개 문명의 진로》, 아카넷, 2021
- 니클라스 루만, 《사회의 사회》, 장춘익 옮김, 새물결, 2012
- 니클라스 루만, 《사회적 체계들》, 이철·박여성 옮김, 한길사, 2020
- 레비 R. 브라이언트, 《객체들의 민주주의》, 김효진 옮김, 갈무리, 2021
- 레이 커즈와일, 《특이점이 온다》, 김명남 옮김, 김영사, 2007
- 르네 데카르트, 《방법서설》, 김형호 옮김, 올재클래식스, 2014
- 리사 펠드먼 배럿, 《감정은 어떻게 만들어지는가?》, 최호영 옮김, 생각연구소, 2017
- 마르셀 프루스트, 《잃어버린 시간을 찾아서 1》, 김희영 옮김, 민음사, 2015
- 마셜 매클루언, 《미디어의 이해》, 김상호 옮김, 커뮤니케이션즈북스, 2011
- 박문호, 《박문호 박사의 뇌과학 공부》, 김영사, 2017
- 브루노 라투르 외, 《인간, 사물, 동맹》, 홍성욱 엮음, 이음, 2010
- 브뤼노 라투르, 《우리는 결코 근대인 적이 없다》, 홍철기 옮김, 갈무리, 2009
- 손기태, 《고요한 폭풍, 스피노자》, 글항아리, 2016
- 에른스튼 폰 글라저스펠트, Radical Constructivism: 알기와 배우기의 한 방식, NHK 옮김, 2014. (http://www.cysys.pe.kr/zbxe/RRC). 원본 Studies in Mathematics Education Series Vol. 6, 1995. (Edited by Paul Ernst)
- 유발 하라리, 《호모 데우스》, 김명주 옮김, 김영사, 2017
- 윤지영, 《오가닉 미디어》, 21세기북스, 2014
- 이명호, 《디지털 쇼크 한국의 미래》, 웨일북, 2021
- 이어령, 《생명이 자본이다》, 마로니에북스, 2013
- 전치형, 《사람의 자리》, 이음, 2019
- 제레미 리프킨, 《한계비용 제로 사회》, 안진환 옮김, 민음사, 2014

- 제프리 웨스트, 《스케일》, 이한음 옮김, 김영사, 2018
- 조지 쿠퍼, 《돈, 피, 혁명》, PLS번역 옮김, 송경모 감수, 유아이북스, 2015
- 질 들뢰즈, 《차이와 반복》, 김상환 옮김, 민음사, 2004
- 질 들뢰즈·펠릭스 가타리, 《천 개의 고원》, 김재인 옮김, 새물결, 2001
- 질베르 시몽동, 《기술적 대상들의 존재 양식에 대하여》, 김재희 옮김, 그린비, 2011
- 최재붕, 《포노 사피엔스》, 쌤앤파커스, 2019
- 테야르 드 샤르댕, 《인간현상》, 양명수 옮김, 한길사, 1997
- 토마스 쿤, 《과학혁명의 구조》, 김명자·홍성욱 옮김, 까치(까치글방), 2013
- 피터 디아만디스·스티븐 코틀러, 《컨버전스 2030》, 박영준 옮김, 비즈니스북스, 2021
- 필 샴페인, 《사토시의 서》, 조진수 옮김, 한빛미디어, 2021
- 홍성욱, 《홍성욱의 STS, 과학을 경청하다》, 동아시아, 2016
- 샤를 페라쟁·기욤 르누아르, "해저 케이블, 국가적 생존사안-미중간 네트워크 인프라의 지정학 경쟁", 르몽드 디플로마티크, 2021년 7월호
- 성단근, 〈2050년 지구가 묻다! 인간, 당신들은 누구신가요?〉, 새통사 203차 강연, 2021.3.19
- 최재홍 교수, 개인통신, 2021.7.9.
- 하원규, 유비쿼터스 IT혁명과 제3공간 (유비쿼터스총서1), 전자신문, 2002
- C.E Shannon, "Prediction and Entropy of Printed English," The Bell System Technical Journal, Jan., 1951
- P. Diamandis and Steven Kotler, The Future is Faster Than You Think, Simon & Schuster, 2020
- Ray Kurzweil, The Age of Spiritual Machines: When Computers Exceed Human Intelligence, 1999, Viking Press
- Cesar. I. N. et al, "Mandala Networks: ultra-small-world and highly sparse graphs", Scientific Reports 5, article No. 9082 (2015)
- Declan Butler, "Earth Monitoring: The planettary panopticon", Nature 450, 2007
- Goldwasser, S.; Micali, S.; Rackoff, C. (1989), "The knowledge complexity of interactive proof systems", SIAM Journal on Computing, 18 (1): pp. 186-208
- Goodfellow, Ian J.; Pouget-Abadie, Jean; Mirza, Mehdi; Xu, Bing; Warde-Farley,

David; Ozair, Sherjil; Courville, Aaron; Bengio, Yoshua (2014). "Generative Adversarial Networks", arXiv:1406.2661

- Jack Davies, "The Metanet", Coingeek, May 2019

- Nakamoto Satoshi. "Bitcoin: A Peer-to-Peer Electronic Cash System", https://www.bitcoin.org, 2007

- Paul E. Griffiths, James Tabery, "Chapter Three - Developmental Systems Theory: What Does It Explain, and How Does It Explain It?", Advances in Child Development and Behavior Book Series Vol. 44, 2013 (Edited by Richard M. Lerner, Janette B. Benson)

- Quisquater, Jean-Jacques; Guillou, Louis C.; Berson, Thomas A. (1990). "How to Explain Zero-Knowledge Protocols to Your Children." Advances in Cryptology-CRYPTO '89: Proceedings. Lecture Notes in Computer Science. 435. pp. 628-631

- Sheng-Kai Liao et al, "Satellite-Relayed Intercontinental Quantum Network" Phys. Rev. Lett. 120, January 2018

- http://english.iop.cas.cn/rs/lsf/cmgi/

- http://highjune2.blogspot.com/2014/09/g.html

- https://bitclout.com/

- https://brunch.co.kr/@jeffpaik/73

- https://brunch.co.kr/@kakao-it/384

- https://brunch.co.kr/@wlgp2096/12

- https://coingeek.com/bitcoin101/what-is-metanet/

- https://datacommons.org/place/Earth?utm_medium=explore&mprop=count&popt=Person&hl=ko

- https://deepmind.com/blog/article/AlphaFold-Using-AI-for-scientific-discovery

- https://earth2.io

- https://en.wikipedia.org/wiki/Artificial_Reality

- https://en.wikipedia.org/wiki/Data_sovereignty

- https://gdpr-info.eu/

- https://gs.statcounter.com/os-market-share/mobile/worldwide

- https://hyun-jeong.medium.com/h-3c3d45861ced
- https://logisticsmatter.com/anticipatory-shipping-ship-person-getting-closer-reality/
- https://named-data.net/
- https://namu.wiki/w/%EB%A6%AC%EC%96%BC%20%EC%8A%A4%ED%8B%B8
- https://newslab.withgoogle.com/assets/docs/storyliving-a-study-of-vr-in-journalism.pdf
- https://newslab.withgoogle.com/assets/docs/storyliving-a-study-of-vr-in-journalism.pdf
- https://newstorycharity.org/3d-community/
- https://nordicapis.com/the-bezos-api-mandate-amazons-manifesto-for-externalization/
- https://offbeatquotes.com/
- https://openai.com/blog/gpt-3-apps/
- https://openid.net/foundation/
- https://physics.aps.org/featured-article-pdf/10.1103/PhysRevLett.106.070401
- https://techjury.net/blog/how-much-data-is-created-every-day/#gref
- https://tools.ietf.org/id/draft-ietf-oauth-v2-31.html
- https://twetch.com
- https://unity.com/
- https://virginhyperloop.com/
- https://www.apple.com/privacy/docs/A_Day_in_the_Life_of_Your_Data.pdf
- https://www.avaya.com/kr/products/cpaas/
- https://www.cnbc.com/2021/02/19/spacex-valuation-driven-by-elon-musks-starship-and-starlink-projects.html
- https://www.diamandis.com/blog/martine-rothblatt-moonshots
- https://www.gaia-x.eu/
- https://www.grandviewresearch.com/industry-analysis/telecom-api-market

- https://www.hankyung.com/it/article/202105242437i
- https://www.index.go.kr/potal/main/EachDtlPageDetail.do?idx_cd=1330
- https://www.lifespan.io/organizations/samumed/
- https://www.longevity.technology/longevity-escape-velocity-by-2035-and-it-will-be-free/
- https://www.lusha.com/
- https://www.mgi.gov/
- https://www.mobilesiri.com
- https://www.nationalgeographic.com/foodfeatures/meat/
- https://www.nature.com/articles/s41598-019-41895-7.pdf
- https://www.naverz-corp.com/
- https://www.roblox.com/
- https://www.spacex.com/
- https://www.starlink.com/
- https://www.statista.com/statistics/649302/worldwide-communcations-platform-as-a-service-market-size/
- https://www.ted.com/talks/martine_rothblatt_my_daughter_my_wife_our_robot_and_the_quest_for_immortality/details?referrer=playlist-307
- https://www.twilio.com/
- https://www.virtual-beings-summit.com/
- https://www.volkswagenag.com/en/news/stories/2019/06/ive-got-1500-cars-here-in-berlin.html
- https://www.vonageforhome.com/
- https://www.youtube.com/watch?v=1Q5CXN7soQg
- https://www.youtube.com/watch?v=oC4FAyg64OI
- https://www.youtube.com/watch?v=RTpWYWIfP7Y&t=6497s
- @Kunwoo Kim, 사적통신, July 2, 2021
- @Sage Kim, Personal Communication, July 1, 2021

주

시작하며

1   기회비용은 어떤 기회를 선택하면서 포기한 것 중 가장 큰 가치를 의미하지만, 기대이
     익은 새로운 기회가 발생했을 경우 생길 수 있는 추가적인 이익 중 가장 큰 이익으로
     의미함. 예를 들어, 차별적 임금 지급, 근무환경 개선 회피, 절세 등과 같이 비용을 회피
     함으로써 생기는 이익임

2   https://www.index.go.kr/potal/main/EachDtlPageDetail.do?idx_cd=1330

3   https://youtu.be/ZPrB3WvnZpE

1장

1   https://www.cnbc.com/2021/02/19/spacex-valuation-driven-by-elon-musks-
     starship-and-starlink-projects.html

2   칼 에드워드 세이건, 《창백한 푸른 점》, 현정중 옮김, 사이언스북스, 2001. 1990년 2월
     14일 지구에서 약 61억 킬로미터 떨어진 곳에서 보이저 1호가 찍어 보낸 지구의 사진을
     보고 감명받은 칼 세이건이 저술한 책

3   제프리 웨스트, 《스케일》, 이한음 옮김, 김영사, 2018

4   레이 커즈와일, 《특이점이 온다》, 김명남 옮김, 김영사, 2007

5   Claude Shannon, 'A mathematical Theory of Communication', "Bell System Tech

Journal", Jul, Oct. 1948. 정보엔트로피라는 개념을 발표해 정보이론의 시초가 됨

6 볼츠만의 엔트로피와 클로드 섀넌의 정보엔트로피가 같은 물리량을 가짐

7 https://bitclout.com/

8 '수사'와 '조사'의 다른 점은 '의도성의 발견'에 있음

9 통상적으로 민간재단 예산의 3분의 1은 국가가 지원하고, 3분의 1은 시민들의 기부금으로, 나머지는 기업들의 후원금으로 구성됨

10 https://techjury.net/blog/how-much-data-is-created-every-day/#gref

11 니클라스 루만, 《사회의 사회》, 장춘익 옮김, 새물결, 2012

12 Ray Kurzweil, The Age of Spiritual Machines: When Computers Exceed Human Intelligence, 1999, Viking Press. 수확체증의 법칙이란 개념이 제안됨

13 피터 디아만디스·스티븐 코틀러, 《컨버전스 2030》, 박영준 옮김, 비즈니스북스, 2021

14 https://www.ted.com/talks/martine_rothblatt_my_daughter_my_wife_our_robot_and_the_quest_for_immortality/details?referrer=playlist-307

15 https://openai.com/blog/gpt-3-apps/

16 C. E. Shannon, "Prediction and Entropy of Printed English," The Bell System Technical Journal, Jan., 1951

17 리사 펠드먼 배럿, 《감정은 어떻게 만들어지는가?》, 최호영 옮김, 생각연구소, 2017

18 피터 디아만디스·스티븐 코틀러, 《컨버전스 2030》, 박영준 옮김, 비즈니스북스, 2021

19 니클라스 루만, 《사회적 체계들》, 이철·박여성 옮김, 한길사, 2021

20 인공지능의 심층학습에서 학습된 네트워크를 다른 인공지능에 이식하는 방법. 이식된 인공지능은 데이터를 통한 초기 학습이 불필요함. 1996년 스테보 보지노브스키(Stevo Bozinovski)와 안테 풀고시(Ante Fulgosi)가 처음으로 제안함

21 클로드 섀넌의 정보엔트로피가 볼츠만의 엔트로피와 부호가 반대인 점에 착안한 용어지만, 정보는 구분을 통한 새로운 생성의 의미로 받아들일 수 있음

22 $\lim_{x \to \infty} (1+\frac{1}{x})^x$=e. 비슷한 생각을 가진 수많은 사람이 모여도 세 명의 생각을 뛰어넘지 못함

23 질 들뢰즈, 《차이와 반복》, 김상환 옮김, 민음사, 2004

24 니클라스 루만, 《사회적 체계들》, 이철·박여성 옮김, 한길사, 2021

25 정신과 의사인 R. D. 레잉이 그의 책 《경험의 정치(The Politics of experience)》에서 제안

한 용어지만 여기서는 단순히 객관적인 데이터와 주관적인 데이터의 구분을 위해서만
사용

y

26 A federated secure data infrastructure, https://www.gaia-x.eu/

27 General Data Protection Regulation, https://gdpr-info.eu/

28 https://en.wikipedia.org/wiki/Data_sovereignty

29 데이터의 자주권을 강조하는 측면에서 데이터 자주주의라는 표현도 함께 사용

30 모든 개인의 자유를 강조하기 위해 부모로부터의 자유, 조직으로부터의 자유에 대한
최소한의 보장 방안으로 어린이 용돈 수당이나 기본 소득의 개념도 세울 수 있음. 재원
의 문제에서는 첨예한 의견 대립이 있겠지만, 새로운 패러다임을 설계하는 기본전제로
받아들인다면, 얼마든지 새로운 접근 방법을 설계할 수 있을 것

31 질 들뢰즈, 《차이와 반복》, 김상환 옮김, 민음사, 2004

32 질 들뢰즈·펠릭스 가타리, 《천 개의 고원》, 김재인 옮김, 새물결, 2001

2장

1 피터 디아만디스·스티븐 코틀러, 《컨버전스 2030》, 박영준 옮김, 비즈니스북스, 2021

2 박문호, 《박문호 박사의 뇌과학 공부》, 김영사, 2017

3 프루스트, 《잃어버린 시간을 찾아서 1》, 김희영 번역, 민음사, 2015

4 SpaceX, https://www.spacex.com/

5 Hyper-loop, https://virginhyperloop.com/

6 일반체계이론의 창시자 루만은 이것을 체계와 환경의 차이에서 생성된 자기 준거적 생
산체계라고 부름

7 《컨버전스 2030》의 수명 편

8 일반적으로 어떤 대상을 이해할 때는 해석해야 하는 것으로 오해하는 경향이 있으나,
대상을 이해한다는 것은 그 대상의 특징을 파악하는 것만으로도 구별되어 정의될 수
있다는 사실을 간과함

9 클로드 섀넌의 정보이론, $S = -k_B \sum_i P_i \ln p_i$

y

y

주   **279**

3장

1 　르네 데카르트, 《방법서설》, 김형호 번역, 올재클래식스, 2014

2 　브뤼노 라투르, 《우리는 결코 근대인 적이 없다》, 홍철기 옮김, 갈무리, 2009

3 　유발 하라리, 《호모 데우스》, 김명주 옮김, 김영사, 2017

4 　최근 미얀마의 쿠데타나 미중의 경제적 충돌이 세계정세를 불안하게 하고 있지만, 그 것 또한 깨어 있는 존재들이 많이 있는 한 안정성이 유지될 것으로 확신함

5 　《컨버전스 2030》의 장수 편

6 　Martine Rothblatt, https://www.diamandis.com/blog/martine-rothblatt-moon-shots

7 　https://www.lifespan.io/organizations/samumed/

8 　longevity escape velocity, https://www.longevity.technology/longevity-escape-velocity-by-2035-and-it-will-be-free/

9 　https://www.youtube.com/watch?v=oC4FAyg64OI

10 　니클라스 루만, 《사회의 사회》, 장춘익 옮김, 새물결, 2012

11 　스펜스-브라운, "형식의 법칙들", http://highjune2.blogspot.com/2014/09/g.html

12 　루만이 바라보는 사회문화적 진화의 관점을 통상적인 이해의 수준으로 해석한 것임

13 　Martine Rothblatt, https://www.diamandis.com/blog/martine-rothblatt-moon-shots

14 　스타링크(Starlink)는 진공의 우주 공간에서 빛의 속도의 96.7퍼센트에 근접하는 속도의 통신을 꿈꿈

15 　https://namu.wiki/w/%EB%A6%AC%EC%96%BC%20%EC%8A%A4%ED%8B%B8

16 　생각을 표현할 때 문자 중심의 판짜기를 텍스팅(texting)이라고 한다면, 메타버스 공간 에서의 판짜기는 더욱 풍성한 형태로 나타나야 함. 마법 같은 장면을 연출한다는 의미 에서 메타버스 디렉팅이란 이름을 붙여 미렉팅(mirecting)이라 명명하겠음. 미렉팅은 API 비즈니스로도 충분히 지원할 수 있음

17 　스펜스-브라운, "형식의 법칙들", http://highjune2.blogspot.com/2014/09/g.html, 1장 형식

18 https://en.wikipedia.org/wiki/Engine

19 인저뉴어티(ingenuity)는 화성에서 최초로 태양에너지를 받아 자신의 몸을 데우고 유지하며 비행한 역사적인 사건으로 기록될 것. 화성에서의 새로운 것들을 만들어낼 '에너지 샘'과 같은 역할을 하는 의미를 담은 것은 탁월한 선택임

20 이 부분에 대한 합의와 실시간의 관제가 가능한 체계에 대한 합의 도출이 필요함

21 글로벌 생태발자국 네트워크(Global Footprint Network)에서 발표한 세계와 각국의 생태용량 초과일(땅이 1년 동안 공급할 수 있는 에너지를 초과해 소비함으로써 자원의 고갈이 앞당겨지는 시점. 세계는 7월 29일, 우리나라는 4월 1일)에 대한 경고는 자원 사용에 대한 경각심을 주기에 충분함. 결국 순환경제(Circular Economy) 체계를 속히 확립하는 것이 최선임. https://www.overshootday.org/content/uploads/2021/07/Earth-Overshoot-Day-2021-Nowcast-Report.pdf

22 Material Genome Initiative Strategic Plan, https://www.mgi.gov/ 미국의 움직임을 따라 중국도 시작. http://english.iop.cas.cn/rs/lsf/cmgi/

4장

1 토마스 쿤, 《과학혁명의 구조》, 김명자·홍성욱 옮김, 까치(까치글방), 2013

2 과거의 '정서에의 예속'되지 않는 사람들. 손기태, 《고요한 폭풍, 스피노자》, 글항아리, 2016

3 물론 그 반대의 시각도 존재함. 세계를 네트워크로 해석하고 과학 또한 그 네트워크의 부산물이자 인간 활동 그 자체라는 시각. 홍성욱, 《홍성욱의 STS, 과학을 경청하다》, 동아시아, 2016

4 2017년 중국-오스트리아 연구팀이 1,200킬로미터 거리에서의 양자얽힘(상호작용했던 두 입자는 아무리 멀리 떨어져 있어도 즉각적으로 서로의 상태에 영향을 미친다는 성질)에 대해 실험함으로써 양자얽힘의 존재에 대한 논란이 의미 없어짐

5 Sheng-Kai Liao et al, "Satellite-Relayed Intercontinental Quantum Network" Phys. Rev. Lett. 120, January 2018

6   어스2와 같이 물질세계를 메타화한 형태, https://earth2.io

7   Same Kim, Personal Communication, July 1, 2021

8   3장에서 제시한 메렉팅 API 비즈니스가 열릴 것으로 예상함

9   '패킷 교환 인간'의 개념

10 1992년 닐 스티븐슨(Neal Stephenson)의 소설 《스노 크래시》(문학세계사, 2021)에서 유래한 개념으로, 추상적 개념들의 실제로 체험할 수 있는 것처럼 지각되는 세계. '말'로 이루어진 스토리(story)와 달리 지각되는 체험

11 제페토, https://www.naverz-corp.com/

12 로블록스, https://www.roblox.com/

13 한국의 가상인간 '로지'는 TV 광고시장의 돌풍을 일으키고 있고, 중국의 가상인간 가수 '화즈빙'은 인공지능으로 칭화대에 다니고 있음

14 페이스북이 오큘러스를 인수해 VR 대중화의 선두를 달리고 있다면, 마이크로소프트는 메타버스의 생성을 더 자유롭게 할 플랫폼 시장을 목표로 마이크로소프트 메시를 발표함. 틀림없이 오큘러스의 기술인 홀로렌즈와의 시너지를 확대해나갈 것이며, 애플 또한 파격적인 AR 기기를 준비하고 있음

15 최재붕, 《포노 사피엔스》, 쌤앤파커스, 2019

16 제프리 웨스트, 《스케일》, 이한음 역, 김영사, 2018

17 레이 커즈와일이 《영적 기계의 시대(The Age of Spiritual Machine)》에서 제시한 개념

18 사회적 체계이론의 관점에서 페르소나는 인간의 내적 자기 분화의 개념임

19 니클라스 루만, 《사회적 체계》, 이철·박여성 옮김, 한길사, 2012

20 인공지능에게 알고리즘(모델)이나 룰을 제공해 추정하게 하는 방법이 아니라, 입력과 결과에 따른 좋고 나쁨만을 판정해주면 스스로 결과를 이끌어내는 알고리즘을 터득하게 하는 인공지능 학습법

21 인간이 아무런 사전지식을 제공하지 않아도 바둑, 체스, 일본장기, 그리고 아타리게임을 스스로 배우는 딥마인드사의 인공지능. 스펜스-브라운이 말하는 구분과 지시에 대한 내재화만으로 인간처럼 게임의 규칙을 터득하고 이기는 전략을 짜냄

22 3장에서 언급

23 뉴 스토리(New Story)는 3D 프린터로 메타화된 집 설계도를 보고 집을 지음. https://newstorycharity.org/3d-community/

24 이언 굿펠로(Ian Goodfellow)가 2014년 제시한 개념. Goodfellow, Ian J.; Pouget-Aba-
die, Jean; Mirza, Mehdi; Xu, Bing; Warde-Farley, David; Ozair, Sherjil; Courville,
Aaron; Bengio, Yoshua (2014). "Generative Adversarial Networks". arXiv:1406.2661.
위조지폐를 만드는 사람과 위조지폐를 감별하는 사람을 경쟁시키면, 제작 능력과 감별
능력이 함께 상승하는 효과를 기반으로 한 심층학습법. 인공지능이 스스로 새로운 것
을 만들어낼 수 있음

25 알파폴드(AlphaFold). 알파고를 만든 딥마인드사에서 단백질의 3차원 구조를 해석
할 수 있도록 만든 인공지능. https://deepmind.com/blog/article/AlphaFold-Us-
ing-AI-for-scientific-discovery

26 고유성이 네트워크에 연결되지 않는 채로 존재하는 경우, 끊임없이 서로 영향을 주고
받는 네트워크와는 다르게 과거의 시공간에 고립된 이질적 존재로 남음

27 딥마인드사는 지금도 계속해서 정형화된 소리(audio) 정보, 그림(image) 정보, 모션(op-
tical flow) 정보, 복합감각 정보나 점 구름 이미지 등을 지각하고 정형화된 결과를 내놓
는 지각입출력지능(Perceiver IO)에 대한 보고가 있음(arXiv.org, 30 July, 2021). 이로써 인
공지능과 사람이 1:1로 바둑 시합이 가능해짐

28 Critical Thinking. 비판적 사고력으로 번역되지만, 비판은 어떤 분별을 전제로 하는 것
이므로 의미 있는 결정적 비판을 생성시키는 사고력이라는 해석이 더욱 타당함

29 구독 경제(subscription economy)가 전 자원영역으로 확대되는 세상

30 새로운 결론을 이끌어낼 근거가 되는, 이미 주어져 있는 것. 논리적 판짜기에서 매우 중
요한 개념

31 역사가 시공간과 사태가 밀접하게 결합됐다는 기록을 통해 정서의 예속에 따른 과거
가치의 소환을 예방하는 역할(@Kunwoo Kim 님의 해석, 사적통신, July 2, 2021)이라면, 공
학은 역으로 사태들을 일어나게 하는 작동들과 작동들의 상황적 상호관계의 비밀을 밝
혀 사람들에게 궁리나 꾀의 다양성과 정교함을 더해주는 학문임

32 거버넌스 네트워크 구축의 핵심 개념. 거버넌스 네트워크에서 핵심적으로 다뤄야 하는
것이 타인의 의견에 휩쓸리지 않게 하는 것과 자기 생각의 포지셔닝이 무엇인가를 시
각적 또는 객관적으로 확인할 수 있게 하는 것임

5장

1 에른스트 본 글라저스펠트의 급진적 구성주의, 니클라스 루만의 사회적 체계이론, 브뤼노 라투르의 행위자네트워크이론, 그레이엄 하먼의 객체지향 철학, 레이 R. 브라이언트의 실재적 존재론, 후성유전학 등도 심리학, 사회학, 철학, 생물학 등과 분야는 다르지만 발달시스템이론과 맥을 같이 함

2 탄생이 아니라 발견. 저절로 탄생한 것이 아니라 소통 욕망을 해소하고자 하는 사회적 노력에서 정보에 대한 분별이라는 발견이 있고 탄생이 있다는 해석

3 마셜 매클루언, 《미디어의 이해》, 김상호 옮김, 커뮤니케이션북스, 2011

4 테야르 드 샤르댕, 《인간현상》, 양명수 옮김, 한길사, 1997

5 이어령, 《생명이 자본이다》, 마로니에북스, 2013

6 분산된 것이 돌연 한 점에 집중되는 단계. 각자 흩어진 것들이 의미라는 다차원의 기준선 위에 정렬될 때, 질서 속의 의미 요소로 재탄생되는 반성

7 니클라스 루만, 《사회적 체계들》, 이철·박여성 옮김, 한길사, 2021

8 마르셀 프루스트, 《잃어버린 시간을 찾아서 9》, 민음사, 2020 : 앎이란 우리가 관찰하려는 외부의 사물이 아닌, 비의지적인 감각에서 오는 것

9 미국 하와이주 힐로섬 화산 마우나로아

10 Declan Butler, "Earth Monitoring: The planettary panopticon", Nature 450, 2007. 〈네이처〉는 측정 50년이 되는 2007년에 잡지의 표지 사진으로 '킬링 곡선'을 수록함

11 2019년 기준 410.5ppm을 넘어섰고, 한국은 417.9ppm으로 측정된다는 세계기상기수(WMO)의 온실가스 연보(No.16)의 보고가 있음. 전 지구가 최근 10년 동안 2.37ppm/yr의 증가율을 보였으며, 2019년은 전년도 대비 2.6ppm 증가를 나타내 특히 높게 나타났음. 국립기상과학원에서 측정한 한반도(안면도)의 2019년 이산화탄소 평균 농도는 전 지구 평균보다 약 7.4ppm 높으나, 그 증가율은 전 지구와 비슷함

12 모든 소모는 이산화탄소를 발생시킴

13 그레이엄 하먼, 《네트워크의 군주》, 김효진 옮김, 갈무리, 2019. 브뤼노 라투르는 개인 정보도 개인과 분리될 수 없는 개인 내지는 개성 그 차제로 봄

14 해법이 존재하지 않는 모순처럼 보이는 이해 충돌

15 니클라스 루만, 《사회의 사회》, 장춘익 옮김, 새물결, 2012

16 레이 커즈와일,《특이점이 온다》, 김명남 옮김, 김영사, 2007

17 3장에서 언급한 미렉팅 API 비즈니스

18 https://www.nationalgeographic.com/foodfeatures/meat/... 소의 FCR은 6.8, 돼지는 2.9, 닭은 1.7, 물고기는 1.1

19 성단근, 〈2050년 지구가 묻다! 인간, 당신들은 누구신가요?〉, 새통사 203차 강연, 2021.3.19., https://newinsight.kr/24/?q=YToyOntzOjEyOiJrZXI3b3JkX3R5cGU-iO3M6MzoiYWxsIjtzOjQ6InBhZ2UiO2k6Mjt9&bmode=view&idx=5974558&t=board

20 Netflix Official Trailer, https://www.youtube.com/watch?v=1Q5CXN7soQg

21 https://longnow.org/essays/big-here-long-now/

22 루만은 모든 체계는 지속적인 구분과 구분된 것에 대한 자신의 귀속을 위한 자기 준거가 존재하고, 그 준거는 지속적인 재진입을 허용하는 자기 준거적 특징을 가지고 있다고 말함

23 공학적으로 이를 상태 비보존형(stateless) 관리라 하고, 해제 명령이 오기 전까지 상태를 유지하는 것은 상태 보존형(stateful) 관리라고 함. 상태 보존형은 해제 명령을 기다리며 상태를 유지하기 위한 부수적인 에너지가 필요한 반면, 비보존형 관리는 에너지를 최소화할 수 있음

24 루만은 체계 바깥의 환경에 미규정인 상태로 놔둔다고 함

25 루만의 의미 구조가 다차원적이면서 입체적이라는 것을 말해주고 있음

26 건물의 2층은 1층이 전제될 때 가능한 개념인 것과 같음

27 질 들뢰즈의《천 개의 고원》에 등장한 표현

28 이런 사회적 체계들의 작동실험을 가능하게 해보자는 노력이 '사회적 입자가속기' 개념임. 사람과 사물과 다양한 인공적·자연적 환경들을 포함한 시뮬레이션 환경을 의미함. 최근에는 디지털트윈이 이러한 개념을 계승하는 형태로 발전하고 있음

29 마르셀 프루스트,《잃어버린 시간을 찾아서 10》, 민음사, 2020. 샤를뤼스의 통찰력 있는 어법을 표현한 부분을 차용. 한 사람의 의견에는 언어로 표현된 그 이상의 복잡한 것들이 내포되어 있기 때문에 뜻을 조율하기 위해 상당한 통찰력과 노력이 필요

30 루만의 차이동일성. 한 의견에 대한 상반된 의견들을 좌표의 반대편에 위치시킴으로써 하나의 틀 속에 묶은 후, 좌표상의 상대적인 위치들의 차이로 하나의 동일성을 정의할

수 있음

31 '전통'이라는 개념을 사용할 수 있음. 전통에 대한 다수의 신뢰가 전제된다면 '권위'의 개념을 덧붙일 수 있으며, 그 권위를 실시간으로 확인할 수 있다면 신뢰성은 더욱 높아질 것

32 윤지영, 《오가닉 미디어》, 21세기북스, 2014. https://organicmedia.pressbooks.com/front-matter/foreword-by-de-kerckhove/

33 사토시 나카모토가 제안한 비트코인은 전자현금 직거래 체계로, 전자현금이 물리세계의 현금처럼 완벽한 익명성을 띠며 추적이 불가능하도록 만드는 방법론. 블록체인은 이러한 비트코인의 직접거래에 대한 기록들을 꼬리에 꼬리를 무는 방식으로 저장해 조작을 불가능하게 만든 체계의 별칭. 추적 불가능성 관점에서 최고의 기술이지만, 완벽한 익명성에는 한계가 있어 추가 기술이 필요

34 MUI 블록체인은 '체인코드(chain code)'를 마치 식물의 씨앗처럼 '씨 육수'라는 인위적인 신뢰의 권위를 분양할 수 있는 개념을 제안

35 블록체인의 합의 과정 중에 내재한 거래(transaction)의 유효성 검증과 유효한 거래들의 순서에 대한 동의 메커니즘의 특성을 활용한 간단지불검증(SPV, Simple Payment Verification)만으로 모든 이용자는 자신의 거래가 포함된 블록이 고립된 블록이 아니라 유효한 블록임을 확인할 수 있음. Cesar. I. N. et al, "Mandala Networks: ultra-small-world and highly sparse graphs", Scientific Reports 5, article No. 9082 (2015)

36 필 샴페인, 《사토시의 서》, 조진수 옮김, 한빛미디어, 2021. 블록체인의 세 가지 문제―확장성, 보안성, 탈중앙화―를 동시에 해결할 수 없다는 트릴레마 문제는 입체적인 작동의 배치로 얼마든지 해결할 수 있으며, 사토시의 첫 제안인 비트코인 설계 철학에 녹아 있음

37 Application Programming Interface. 기능대행서비스

38 1장에서 프라이버시 정보가 포함된 데이터라고 정의

39 니클라스 루만, 《사회의 사회》, 장춘익 옮김, 새물결, 2012

40 https://datacommons.org/place/Earth?utm_medium=explore&mprop=count&popt=Person&hl=ko

41 김상준, 《붕새의 날개 문명의 진로》, 김영사, 2021

42 한 사람이 살아가는 데 필요한 것을 공급해주는 양을 땅의 면적으로 표현한 생태발자

국(Ecological Footprint) 지수가 있음. 1996년 캐나다 경제학자 마티스 웨커네이걸과 윌리엄 리스가 개발한 개념. 전 세계인이 한국인처럼 살면, 지구가 3.3개 더 필요하다고 함(한국생태발자국 보고서, 2016)

43 데이터들로부터 의미 있는 가치를 발견하는 연결네트워크의 구조와 작동 조건들을 알고리즘이라고 부르지만 이것은 지능—알아내는 능력—과 같은 개념이며, 이런 개념으로부터 데이터의 중립적 관리에 대한 명분을 확보할 수 있음. 데이터, 데이터에서 가치를 발견하는 방법, 그 가치에 따른 은유와 추상에서 발견된 추가적인 가치에 대한 개념 분리가 가능함. 이는 지적재산권에 대한 법리적 체계와도 부합

44 누구나 언제 어디서나 제공받을 수 있는 기본적인 서비스 개념으로, 비용적인 문제로 인한 접근 제한 등을 극복하는 다양한 방법이 고려되어야 하는 서비스

45 개발(Development)과 운영(Operation)의 합성어. 과거에 두 개념이 분리되면서 발생된 공감대 부족에서 오는 문제를 해소하고 현장에 필요한 것을 즉시 반영하고자 하는 개념으로 반드시 품질보증 기능이 실시간으로 결부되는 것이 전제

46 현금은 불필요한 관리 수수료에서 독립하고 독자적인 가치보존 기능 등이 존재하되 무엇보다 개인 프라이버시의 중요한 요소인 개인 경제규모나 거래 현황을 추적받지 않을 권리는 보장받아야 함. 디지털 현금은 개인의 전자지갑에 안전하게 관리될 수 있으므로 이동의 불편도 안전하게 해결될 수 있음

47 그러한 배치를 현재화하는 것이 기술. 그래서 새로운 공학적 판짜기를 통해 쓰임이 있는 신기술들이 탄생함

48 다음 장에서 자세히 살펴볼 예정

49 개인의 신분 확인을 직접적인 방식이 아니라 권위에 의존하는 새로운 접근방식으로 다음 장에서 자세히 살펴볼 예정

50 블록체인의 다른 표현

51 자원의 고갈이 현실화되면서, 재활용, 재사용, 대체재 발굴, 소비 억제, 폐기물 속의 자원 추출 등을 지향하는 순환경제(circular economy)의 필수 체계

52 루만의 《사회적 체계》에 나오는 말. 라투르는 모든 것은 네트워크의 행위에서 생성되는 것이라고 말함

53 전치형, 《사람의 자리》, 이음, 2019

6장

1   City for All Women Initiative(CAWI), "Courtesy of Courtesy Advancing Equity and Inclusion: A Guide for Municipalities", Ottawa, Canada, 2015

2   브루노 라투르 외,《인간, 사물, 동맹》, 홍성욱 엮음, 이음, 2010. 라투르는 네트워크란 거리, 크기, 상하, 안팎의 개념이 없는 것으로, 네트워크의 힘은 연결의 크기가 아니라 연결의 강도에 좌우된다고 말함

3   마셜 매클루언,《미디어의 이해》, 김상호 옮김, 커뮤니케이션북스, 2011

4   https://newslab.withgoogle.com/assets/docs/storyliving-a-study-of-vr-in-journalism.pdf

5   에이미 에드먼슨,《두려움 없는 조직》, 최윤영 옮김, 다산북스, 2019

6   진화론의 관점에서는 다양성이 진화의 핵심 요소임

7   신기술의 도래에 따른 일자리의 변화에서부터 시작하는 통상적인 걱정들

8   https://www.volkswagenag.com/en/news/stories/2019/06/ive-got-1500-cars-here-in-berlin.html

9   게임이라는 극히 국한된 상황을 말함

10   프루스트의《잃어버린 시간을 찾아서 10》의 '갇힌 여인 2편'에서 영감을 받은 것

11   루만도《사회적 체계》에서 사회화 사건을 교육의 대상으로 만드는 것은 분명히 좁은 한계 속에 갇혀 있다고 교육학적 개념의 협소성을 지적함

12   Virtural Desktop Infrastructure. 클라우드상의 가상 컴퓨팅 자원을 원격으로 자신의 컴퓨터처럼 사용하는 것

13   Myron W. Kruger Artificial Reality, 1983 https://en.wikipedia.org/wiki/Artificial_Reality

14   마치 자동판매기에서 '복지'를 선택하는 것과 같음

15   이명호,《디지털 쇼크 한국의 미래》, 웨일북, 2021

16   당연히 정보 이용에 따른 대가를 지불하는 것을 전제로 함. 데이터 마이닝 단계에서 지불할지, 정보의 활용단계에서 지불할지는 사회적 합의로 결정

17   이 개념은 지금 정부에서 시행하고 있는 마이데이터(MyData)와는 다른 것. 마이데이터 에는 개인정보 이용에 대한 대가 지불이 이용자의 편리성 하나로 국한되어 있고, 제2,

제3, 제4의 활용도 가능하므로 프라이버시 보호에 한계가 있음

18　개인데이터 은행은 개인정보의 노출 없이 은행업 자체의 권위를 통해서만 개인 서비스를 제공하는 것

19　근로복지공단 대전병원 소속의 장황신 박사의 구두 제안

20　https://unity.com/ 이외에도 언리얼 엔진(Unreal Engine), 코로나(Corona), 소스2(Source2) 등도 존재함

21　제조업계에 IoT 기술을 적용하는 자문을 할 때, 항상 '귀사의 제품을 원격에서 관찰할 수 있으려면 어떤 관리정보가 필요한 것인가'라는 질문을 던짐. 대부분 이에 대한 준비가 제대로 되어 있지 않음. 제품의 서비스화에는 이 질문에 대한 답을 가지는 것이 필수조건. 답이 없다면, 상품의 상태를 체크하는 다양한 실험부터 시작해야 함

22　연회비나 월회비를 내고, 사용한 시간만큼 비용을 지불하는 형태. 30분, 시간, 사용한 시간 등 다양한 단위로 측정할 수 있음. 대표적인 예가 사용한 시간만큼 종량제 요금을 지불하는 전동 킥보드

23　제레미 리프킨, 《한계비용 제로 사회》, 안진환 옮김, 민음사, 2014

24　https://www.hankyung.com/it/article/202105242437i

25　대표적인 제조 플랫폼으로 X오미트리, 메이커허브2.0, CAPA, 크리에이터블, 컨트롤클로더 등. 제조 플랫폼은 동일 제조업 분야의 다양한 층위의 생산 공장이나 디자이너, 제품 기획자 등을 네트워크화해서 제조 시설 없이 아이디어만으로 서비스업을 시작하게 해줌

26　Super-Logistics Network. 전 세계의 모든 물류체계가 자율 이동체를 기반으로 육상, 해상, 공중, 지하 등에 입체적으로 구축될 것으로 전망. 국가에 상관없이 디지털 포스트박스에서 디지털 포스트박스까지 전자동으로 물류 이동이 가능

27　전이교육(Transfer Learning). 인공지능이 데이터를 보고 학습해 터득한 알고리즘을 다른 인공지능에게 옮겨주는 AI 학습법

28　최재홍 교수, 개인통신, 2021.7.9

29　Micro-Service Architecture. 다른 서비스가 활용할 수 있도록 하는 API를 제공하는 소규모의 독립적인 서비스(마이크로서비스, 서비스마다 한 가지 기능만 수행함을 전제)들의 연대를 통해 큰 서비스를 제공하는 소프트웨어를 개발하는 아키텍처 및 조직적 접근방식. 대기업과 중소기업, 중견기업과 중소기업, 중소기업과 벤처의 상생 협력모델로 발

전할 좋은 접근 방식

30 대표적인 사례가 아마존. 아마존은 2002년 내부 공지로 조직 내의 팀 간의 소통(자료와 역할 제공)을 서비스 인터페이스로만 하도록 예외 없이 강제. 내부에서도 외부 고객을 대하는 방식으로만 소통 방식을 단일화하면서, 자연스럽게 마이크로서비스 아키텍처를 실현하고 AWS(Amazon Web Service)를 탄생시킴. https://nordicapis.com/the-bezos-api-mandate-amazons-manifesto-for-externalization/

31 루만은 자기생산체계들은 상호침투로 불안하지만, 그 불안정성 자체를 고유한 성질로 받아들이는 성질이 있다고 말함

1 본 장에서 다루는 네트워크는 우리가 통상적으로 알고 있는 도로, 철도, 상하수도, 통신, 인터넷, 전력 등의 기술적 의미의 네트워크에 국한하지 않음. 라투르의 정의처럼 기술적 네트워크는 행위자 네트워크가 취할 수 있는 최종적이고 안정된 네트워크 개념임. 인류사에서 읽어낼 수 있는 수많은 행위자 네트워크의 안정화된 상태의 흔적들을 모방해 안정 상태 이전에 투입했던 에너지 없이 새로운 행위자 네트워크를 작동시킬 수 있는 공학적인 선취 과정으로써의 네트워크임. 본 장에서 제시되는 네트워크는 행위자 네트워크가 형성될 때 발생하는 초기의 수많은 시행착오를 제거해 완성 단계를 압축하고자 제시하는 것. 인간과 사물이 어떤 방식으로 상호작용하면서 새로운 행위자 네트워크를 완성할 수 있는지의 관점에서 바라보길 바람. 구체적인 네트워크들의 구조와 작동에 대한 정의는 공학의 몫임

2 우편의 규격 봉투처럼 정보를 규격화해 꾸러미로 만든 것을 말함

3 풀필먼트(Fulfillment) 서비스는 1999년 아마존에 의해 소개된 개념. 2006년부터 FBA(Fulfillment By Amazon)라는 이름으로 물류 서비스를 대행해주는 본격적인 서비스를 시작. 제품을 창고에 보관해주는 것부터 고객의 주문에 따라 창고에서 물건을 고르고 포장하고 배송하는 것을 포함해 반품 처리 및 교환과 환불 서비스까지 대행. '멋진 상품'에 대한 양과 질이라는 공급적인 측면만 대응할 수 있다면, 고객이 상품을 사용할 때

까지의 모든 서비스 대행임

4   자율이동체의 안전속도는 자율이동체가 멀리 있는 피사체를 얼마나 빠르게 구분하는
지에 좌우되는 만큼 초경량의 내구성 있는 고정밀 센서 산업이 산업 생태계의 수준을
결정하는 가장 중요한 요소가 될 것. 특히 디지털 기반의 센서 산업에서의 핵심 역량은
하드웨어보다 소프트웨어와 데이터로 데이터의 융합이 인지지능의 핵심이기 때문임

5   넷플릭스나 유튜브, 소니, 웨이브 등과 같은 콘텐츠가 네트워크를 타고 서비스가 된다
는 관점에서 탄생한 인터넷 콘텐츠 비즈니스

6   교통체증을 해소하는 방법은 도로의 진입률을 조정하는 체계를 갖추거나 도로를 확장
하거나 둘 다를 고려하는 방법밖에 없는데, 도로의 진입률을 조정하면 이용자들의 항
의가 커질 수 있기 때문에 도로의 물리력 용량에 대한 고민이 필요하다는 것과 같은 맥
락임

7   하원규, 《유비쿼터스 IT혁명과 제3공간》, 전자신문사, 2002

8   디지털 굿즈를 판매하는 모든 OTT 사업자들이 5G 전달망 자원을 분할하는 기술을 활
용해 디지털 굿즈 전용 전달망을 이용하게 하거나 독자적인 전달망을 확보해 이용하게
할 수 있음

9   예를 들어, 아파트 단지나 지역 단위의 자율주행로봇이 택배를 자동으로 배달해주는
서비스를 가정해볼 수 있는데, 이를 활용하면 인간의 육체노동이 줄고 종합 배송이나
음식 배송 서비스 같은 새로운 서비스로도 확장할 수 있음

10   자율주행로봇의 예를 들면, 사용한 시간만큼 비용을 지불하는 서비스 구조를 통해 누
구나 비즈니스를 시작할 수 있음. 일종의 공유로봇 서비스가 중립의 개념임

11   차량의 부하에 따라 통행료를 탄력적으로 다르게 책정하는 것도 교통 부하를 분산하는
좋은 시도일 수 있음. 도로가 한산할 때에는 통행료를 깎아주고, 차량이 많을 때는 비싸
게 받음으로써 이동 패턴에 대한 변화도 함께 고려할 수 있을 것으로 전망

12   https://logisticsmatter.com/anticipatory-shipping-ship-person-getting-closer-re-
ality/

13   https://named-data.net/

14   정보보안 문제에서도 이용자들의 정보 유출로 발생하는 보안 문제를 서버 측에서 적극
적으로 대응하지 않는다면, 결코 서버 측의 정보보안 문제를 해결할 길이 없음. 다행히
최근에는 서버 측에서 다양하게 노력하고 있음. 예를 들어, 깃허브(Github)는 이용자들

에게 비밀번호를 요구하지 않음. 사용자 인증 절차를 거친 후, 제3의 채널을 통해 접근 인가 코드를 받고, 이것으로 서비스에 접근하게 하는 액세스 토큰을 발급받는 형식임

15 Satoshi Nakamoto, "Bitcoin: A Peer-to-Peer Electronic Cash System", www.bit-coin.org, May, 2009

16 https://medium.com/theory-of-bitcoin/how-bitcoin-is-supposed-to-work-86eb 69027966

17 https://brunch.co.kr/@jeffpaik/73

18 https://twetch.com

19 https://coingeek.com/bitcoin101/what-is-metanet/

20 데이터와 데이터의 저장 형식을 분리하는 메타데이터 형식을 기반으로 데이터를 관리하는 것을 전제로 함

21 Jack Davies, "The Metanet", Coingeek, May 2019

22 루만이 정의한 소통의 3요소

23 새로운 비즈니스 영역으로 언어의 번역도 얼마든지 가능함. 형식의 번역 서비스든 언어의 번역 서비스든 요약서비스든 다양한 형태의 바틀러 서비스가 존재할 수 있는 공간임. 이어서 나오는 본문의 3자 간 동시 소통에서도 다양한 바틀러 서비스가 가능

24 샤를 페라쟁·기욤 르누아르, '해저 케이블, 국가적 생존 사안-미중간 네트워크 인프라의 지정학 경쟁', 〈르몽드 디플로마티크〉, 2021년 7월호

25 https://www.starlink.com/

26 https://gs.statcounter.com/os-market-share/mobile/worldwide

27 데이터의 자주권 입장에서 이동을 강제하는 조치를 취할 수는 있지만, 그 방법으로 보안 문제나 중립성의 문제를 해결하기에는 역부족임

28 2021년 6월 7일 발표된 애플의 iOS 15에는 영상통화 앱인 페이스타임을 구글의 크롬 웹 플랫폼이나 마이크로소프트의 엣지 웹 플랫폼에 개방했음

29 오픈오피스에서 만들고 구현한 XML 파일 형식을 바탕으로, OASIS(Organization for the Advancement of Structured Information Standards) 컨소시엄을 표준화함. 2006년에는 국제 표준화 기구 및 국제전기표준회의의 인증을 받아 ISO/IEC 26300:2006으로 발표

30 https://www.virtual-beings-summit.com/

31 https://newslab.withgoogle.com/assets/docs/storyliving-a-study-of-vr-in-journalism.pdf

32 Myron W. Kruger Artificial Reality, 1983. https://en.wikipedia.org/wiki/Artificial_Reality

33 $I_j = \sum_i w_{ij}(e_j)P_{ij}+I_{j-1}+e_j$. 지금의 상태($I_j$)가 과거의 상태($I_{j-1}$)와 지금의 페르소나($P_{ij}$)들이 지금의 환경($e_j$)을 귀속시키는 상태들과 밖의 요소($e_j$)들에 의해 결정되는 페르소나들의 복합체. 다시 말해서, 개인은 개인에 속하는 다양한 페르소나들이 환경에 영향을 받으면서 다시 개인에 속하는 페르소나들의 집합체로 볼 수 있음

34 IMSI(International Mobile Station Identity), MIN(Mobile Identification Number), MSISDN (Mobile Station International ISDN Number), IMEI(International Mobile Equipment Identity), PIN(Personal Identification Number) 등

35 https://brunch.co.kr/@kakao-it/384

36 신원보증과는 다른 개념. 신원보증은 보증 대상자가 어떤 이용자에게 피해나 불이익을 입히는 경우, 이에 대해 제삼자가 손해배상을 책임지는 것

37 AAAA: Authentication, Authorization, Admission, Accounting

38 1985년 미국 MIT 공대 샤피 골드와셔, 실비오 미칼리 및 찰스 라코프의 연구원들이 제안한 개념으로, 다음과 같이 설명할 수 있음. 'A라는 서명을 가진 사람이 B 주소로 x원을 보내고 y원의 잔액이 남았다'라는 사실에서, 개인정보에 해당하는 A의 서명과 B 주소와 x원, y원에 대한 정보를 공개하지 않고도 어떤 형태로든 거래의 유효성이 검증될 수 있다는 것이 전제되면, 모든 사람은 유효한 거래라고 인정할 수 있음. 이러한 거래의 유효성을 검증하는 과정이 영지식증명임. 숨기고자 하는 a라는 정보가 있을 때, 증명자는 검증자에게 두 가지 값을 보냄. 증명자는 (큰 수)^a (mod p)=y와 (큰 수)^(임의의 수 k) (mod p)=C를 계산해 검증자에게 y와 C와 (a+k)를 송신하면, 검증자는 이 세 가지 증거들이 정확하게 참이 되는지 따져 검증함

39 https://hyun-jeong.medium.com/h-3c3d45861ced

40 특히 블록체인에 내재한 합의(consensus) 이전의 유효성 검증(validation) 단계에서 진화가 필요함. 이 단계를 ZKP 블록체인에서 일대일로 대응할 수 있는 메커니즘의 전환이 요구됨

41 https://tools.ietf.org/id/draft-ietf-oauth-v2-31.html

42 https://openid.net/foundation/

43 https://www.apple.com/privacy/docs/A_Day_in_the_Life_of_Your_Data.pdf

44 플록은 유사집단 연합학습 정도로 번역이 가능. 비슷한 관심사를 가진 이용자들의 디바이스에 있는 크롬 로컬 데이터를 중앙서버에 전달하지 않은 상태에서 분산학습을 하는 방식. 구글은 2017년도에 이용자들의 개별 입력 기록을 학습해 이용자에게 입력하려는 어휘를 성공적으로 추천한 적이 있음

45 https://www.mobilesiri.com

46 디지털지갑 서비스를 제공하는 서비스 제공자도 지갑의 내용물을 보지 않은 상태에서 거래에 대한 정확성을 책임지는 서비스

47 보통 '면'이라는 단어를 많이 사용하나 2차원을 설명할 때 '각'이 면보다 정확하게 쓰이는 용어임

48 애플의 원격 음성 채팅 클럽 서비스

49 https://brunch.co.kr/@wlgp2096/12

50 원격의 만남에서 서로를 느낄 수 없다는 한계가 있으므로 앞으로 이러한 서비스들이 충분히 생길 수 있음

51 Application Programming Interface의 약어. 소프트웨어 프로그램이 어떤 기능을 대행할 수 있도록 연결해주는 창구

52 https://www.twilio.com/

53 https://www.vonageforhome.com/

54 https://www.avaya.com/kr/products/cpaas/

55 https://www.lusha.com/ 클라우드 통신 API를 활용해 기업과 기업 사이에 전문가들을 연결해주고 미팅 스케줄 관리 등 독특한 서비스를 제공

56 https://www.statista.com/statistics/649302/worldwide-communcations-plat-form-as-a-service-market-size/

57 https://www.grandviewresearch.com/industry-analysis/telecom-api-market

58 마셜 매클루언의 인간 확장 개념을 차용해 인공지능의 발전으로 사물의 확장이란 개념이 충분히 가능한 시점이 됨

59 일론 머스크가 세운 뉴럴링크(Neuralink)에서 뇌파로 단말기를 조정하는 것을 첫 번째 목표로 하는 Brain-Machine Interface 기술에 도전하고 있음. 순차적으로 감각지능, 지

각지능, 인지지능, 운동지능 등에 대한 접근이 목표

60 https://www.nature.com/articles/s41598-019-41895-7.pdf

1 https://www.etri.re.kr
2 질베르 시몽동, 《기술적 대상들의 존재 양식에 대하여》, 김재희 옮김, 그린비, 2011
3 1976년 네뷸러상 중편 부문과 휴고상 중평 부문을 수상한 아이작 아시모프의 과학소
   설이자 1999년 로빈 윌리엄스 주연의 영화이자 영화 속의 인간을 닮고자 하는 로봇
4 위키피디아 참조. 현재 기술의 어원이 맥락에 부합하는 마련을 뜻하는 techne에서 출
   발하고, 여기에서 art의 어원인 ars와 기술과 솜씨를 뜻하는 technik(독일어)로 점차 분
   화해간 사실에서 재해석
5 그레이엄 하먼, 《네트워크의 군주》, 김효진 옮김, 갈무리, 2019

세상에 없던 새로운 기회를 선취하는
디지털 대전환기

공학의 시간

1판 1쇄 인쇄 2022년 9월 21일
1판 1쇄 발행 2022년 9월 28일

지은이 이순석
펴낸이 고병욱

기획편집실장 윤현주 **책임편집** 유나경 **기획편집** 장지연 조은서
마케팅 이일권 김도연 김재욱 이애주 오정민
디자인 공희 진미나 백은주 **외서기획** 김혜은
제작 김기창 **관리** 주동은 **총무** 노재경 송민진

펴낸곳 청림출판(주)
등록 제1989-000026호

본사 06048 서울시 강남구 도산대로38길 11 청림출판(주) (논현동 63)
제2사옥 10881 경기도 파주시 회동길 173 청림아트스페이스 (문발동 518-6)
전화 02-546-4341 **팩스** 02-546-8053
홈페이지 www.chungrim.com **이메일** cr1@chungrim.com
블로그 blog.naver.com/chungrimpub **페이스북** www.facebook.com/chungrimpub

ⓒ 이순석, 2022

ISBN 978-89-352-1388-7 (03320)